金融機関行職員の

相続対応とグリーフケア

～心を込めた接遇のために～

一般社団法人日本グリーフケアギフト協会
加藤美千代 著

はじめに

　郵便局職員の皆様に対し、私自身の遺族としての体験をお話しする場を与えていただいた日から、3年が経過しました。

　私が息子を失った際、周囲の人のどのような言動に傷ついたかを紹介し、遺族の心のケアである「グリーフケア」の説明を通じて、「遺族が望む対応」を解説したところ、「ご遺族がそんな思いをしているとは知らなかった」「相続対応の際の参考になる」「相続手続に関わる人は全員知っておくべきことだ」と評価をいただき、お話しする場がどんどん広がっていきました。

　そして、金融総合専門紙への掲載を機に、郵便局以外の金融機関の方からもお声かけをいただくようになり、2016年3月から2019年6月までに、全国45ヵ所延べ3,000人以上の方に私の「グリーフケア研修」を受講していただき、グループディスカッションなどを通じて様々なご意見をいただくことができました。

　「グリーフケア研修」を通じて、金融機関行職員の皆様も、相続手続に来訪されるお客様に対してどのような言葉をかければよいのか悩み、心を痛め、対応方法を模索していることを知りました。そして、その努力にもかかわらず、相続対応をめぐるクレームやトラブルが絶えないことも知りました。

　相続手続をめぐるトラブルの背景には、遺族心理への理解が不足していることがあるように思います。ご遺族は特殊な心理状態にあり、その性質とメカニズムを理解したうえで、対応方法を考える必要があるからです。そして「ご遺族への望ましい接遇」は、個人としてだけでなく組織として考える必要があります。

　従来、金融機関の相続対応についての研修は「書類処理をいかに間違えずに行うか」という側面に焦点が置かれ、関連する法令や金融機

関内部の事務処理の学習が中心でした。

　しかし、相続の手続きに金融機関を来訪されるお客様は、相続人である以前に大切な方を失ったばかりのご遺族です。相続の業務知識の一環として、遺族支援の知識体系である「グリーフケア」を学び、遺族心理を理解しておくことは、相続の際の接遇に役に立ちます。

　このたび、3年間の試行錯誤の成果を本書にまとめました。本書では、「グリーフケア」を解説し、ご遺族にとって金融機関での相続手続がもつ意味合いと、ストレスが引き起こされる構図を明らかにしています。そして、「ご遺族であるお客様にどのように接するべきか」という解決策を述べています。

　本書をもとに、ご遺族へのよりよい接遇のあり方について、読者の皆様と一緒に考えていけたら幸いです。そして、本書でご紹介したグリーフケアの知識が、金融機関で相続手続にあたる皆様とご遺族であるお客様との信頼関係構築に役立つこと願っています。

一般社団法人日本グリーフケアギフト協会
代表理事　加藤美千代

金融機関行職員の 相続対応とグリーフケア
～心を込めた接遇のために～

第1章 金融機関の相続手続の重要性 1

1. 相続発生の現状 ……………………………………………………………… 2
多死社会の到来 ………………………………………………………… 2
相続預貯金の増加 ……………………………………………………… 4
終活市場の拡大 ………………………………………………………… 5

2. 金融機関にとっての課題 …………………………………………………… 8
世代交代という課題と相続手続の重要性 …………………………… 8
相続手続におけるトラブルとその背景 ……………………………… 9

3. お客様との信頼関係構築のためにできること …………………………… 11
真実の瞬間 ……………………………………………………………… 11
相続人である以前にご遺族であるお客様 …………………………… 12
本書の目的 ……………………………………………………………… 13

第2章 グリーフケアとは 15

1. グリーフケアとは …………………………………………………………… 16
グリーフとは …………………………………………………………… 16
グリーフワークとは …………………………………………………… 16
グリーフケアとは ……………………………………………………… 17

2. グリーフケアの現状 ………………………………………………………… 18
欧米におけるグリーフケア …………………………………………… 18
日本におけるグリーフケア …………………………………………… 18
グリーフケアが必要とされる背景 …………………………………… 22
グリーフ・ハラスメント ……………………………………………… 24

第3章　ご遺族の心理状態を理解する　27

1．死別後に訪れる心理状態と肉体の疲労 ………………… 28
死別によってもたらされるストレス ………………………… 28
肉体的な疲労 ……………………………………………………… 29
死別後の症状 ……………………………………………………… 30

2．グリーフのプロセス …………………………………… 34
ご遺族がたどる道〜受容までに必要な時間〜 ………………… 34
死別を受け入れるまでの「12段階説」………………………… 35
喪失に適応する「課題説」………………………………………… 37
グリーフワークのゴール ………………………………………… 38

3．記念日反応 ……………………………………………… 39
記念日反応とは …………………………………………………… 39
記念日反応の例 …………………………………………………… 39
記念日反応への対処方法 ………………………………………… 41
死別を経験した方の例 …………………………………………… 41

4．ご遺族への援助 ………………………………………… 43
複雑な悲嘆 ………………………………………………………… 44
医療機関の現状 …………………………………………………… 44
心理カウンセリング ……………………………………………… 45
遺族会・自助グループ …………………………………………… 46
よき市民として〜グリーフ・ハラスメントの防止〜 ………… 48

第4章　ご遺族にとっての相続手続を理解する　51

1．相続人が行う多くの手続き …………………………… 52
死亡直後の届け出 ………………………………………………… 53
葬儀の手配 ………………………………………………………… 54
年金・各種保険・税務の届け出 ………………………………… 56
遺産分割協議・名義変更 ………………………………………… 56
遺品の整理・埋葬 ………………………………………………… 58
一連の手続きを通じて …………………………………………… 58

2．相続人の心理状態〜ご遺族にとっての困難さ〜 …… 60
要因①　　時期 …………………………………………………… 60
要因②　　外出 …………………………………………………… 62
要因③　　過去の体験 …………………………………………… 64

第5章 望ましい接遇手順　69

1. ご遺族を傷つけないために守りたいこと ……………………… 70
- ①「相続人」ではなく「ご遺族」と認識を切り替える ……………… 70
- ②弔意を示してから手続きの説明に入る ……………………………… 72
- ③ご遺族を傷つける言葉を言わない …………………………………… 75
- ④言葉ではなく態度で弔意を示す ……………………………………… 85
- ⑤プライバシーに配慮する ……………………………………………… 88
- ⑥ゆっくりわかりやすい説明を行う …………………………………… 90
- ⑦支店・チーム内でご遺族であるお客様の情報を共有する ………… 91
- 標準的な接遇手順 ………………………………………………………… 92

2. ご遺族の心に残る接遇のために知っておきたいこと ………… 95
- ①ご遺族の立場でプラスアルファのご案内をする …………………… 96
- ②記念日反応をお伝えする ……………………………………………… 99
- ③思い出を共有する ……………………………………………………… 100
- ④お話をじっくり伺う（傾聴する） …………………………………… 103
- ⑤過剰な介入は控える …………………………………………………… 104
- ⑥書類を見直す …………………………………………………………… 106
- ⑦いざというときは医療機関へつなぐ ………………………………… 110

第6章 実際の接遇の例　113

1. 同居していた高齢の父を亡くしたA様 ………………………… 114
- 背景と実際のやり取り ………………………………………………… 114
- 解説 ……………………………………………………………………… 116

2. 高齢の母を亡くした遠方に住むB様 …………………………… 117
- 背景と実際のやり取り ………………………………………………… 117
- 解説 ……………………………………………………………………… 119

3. 高校生の息子を亡くしたC様 …………………………………… 120
- 背景と実際のやり取り ………………………………………………… 120
- 解説 ……………………………………………………………………… 122

4. コールセンター（TV電話による相続専門部署）につなぐD様 … 123
- 背景と実際のやり取り ………………………………………………… 123
- 解説 ……………………………………………………………………… 126

第7章 組織としての取組み　127

1. ご遺族への接遇の標準化 ･････････････････････････････････････ 128
　　接遇の標準化の必要性 ･･････････････････････････････････････ 128
　　標準化の進め方 ･･ 129
　　①知識の習得 ･･ 130
　　②標準化チームの結成 ･･････････････････････････････････････ 133
　　③標準プロセスの定義 ･･････････････････････････････････････ 134
　　④ツールの設計と運用 ･･････････････････････････････････････ 135
　　⑤評価と改善 ･･ 137
2. 標準化の取組事例 ･･ 139

Memo グリーフケアに関する主な団体 ････････････････････････ 20
Memo グリーフ・ハラスメントの例 ････････････････････････ 25
Memo 検索の手掛かりとなるサイト ････････････････････････ 47
Memo 災害時のグリーフケア ･･････････････････････････････ 48

Column 日本の金融機関におけるグリーフケア ････････････････ 21
Column 支持が広まる喪中見舞い ･･････････････････････････ 23
Column 人生の糧となるグリーフケアの知識 ････････････････ 50
Column 手続きではぜひ故人を「お名前」で呼びましょう ････ 68
Column 窓口グリーフケアギフト ･･････････････････････････ 94
Column 「泣かせてしまった」という担当者 ････････････････ 111
Column 事例の共有 ････････････････････････････････････ 138

第 1 章

金融機関の相続手続の重要性

　現在、日本は多死社会を迎え、相続件数は増加しています。
金融機関において、お客様の世代交代への対応が重要視される昨今、相続をきっかけとした資産の流出は防がなければなりません。しかし、お客様に不愉快な思いをさせてしまうなど、トラブルも発生しやすいのが相続の手続きです。
ご遺族の心のケアに関する知識体系「グリーフケア」を学び、相続におけるご遺族への接遇を見直してみましょう。

相続発生の現状

多死社会の到来

厚生労働省の調査によると、2016年に結婚したカップルは62万531組、つまり124万1,062人でした。一方、2016年に死亡した人は130万7,748人です。現在の日本では、結婚する人より亡くなる人の方が多いという現状があります（**図表1-1**）。

わが国では、1966年以降、死亡者が増え続けています。政府統計資料「平成30年我が国の人口動態（平成28年までの動向）」によると、2016（平成28）年の死亡者数は130万7,748人と戦後最多になっており、死亡率も年々上昇しています（**図表1-2**）。

人口構成を見ても、今後この傾向が続くことは明白です。**図表1-3**を見ると、人口ボリュームの多い団塊の世代が老年に差しかかっていることがわかります。これから、わが国では、戦後経験したことのない規模で、多くの方が亡くなる「大量死」時代を迎えるのです。

図表1-1　2016年の出生・死亡・婚姻等の人数

出生	死亡	乳児死亡
97万6,978人 32秒に1人	130万7,748人 24秒に1人	1,928人 4時間33分22秒に1人

死産	婚姻	離婚
2万934胎 25分11秒に1胎	62万531組 51秒に1組	21万6,798組 2分26秒に1組

(出所)「平成30年我が国の人口動態（平成28年までの動向）」（厚生労働省政策統括官）より作成

図表1-2 死亡数および死亡率の年次推移（1899年～2016年）

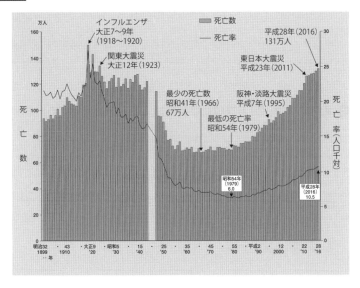

（出所）「平成30年我が国の人口動態（平成28年までの動向）」（厚生労働省政策統括官）より作成

図表1-3 わが国の人口ピラミッド（2016年10月1日現在）

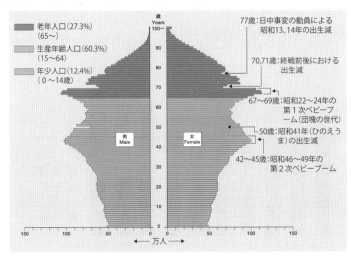

（出所）「平成30年我が国の人口動態（平成28年までの動向）」（厚生労働省政策統括官）より作成

相続預貯金の増加

死亡者の増加に伴い、相続される現金・預貯金の金額も上昇しています。

図表1-4 被相続人(全体)と課税対象被相続人の人数の推移(2017年)

(出所)「平成29年分の相続税の申告状況について」(国税庁)より作成

図表1-5 相続財産の金額の推移(2017年)

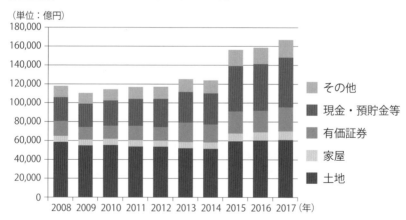

(出所)「平成29年分の相続税の申告状況について」(国税庁)より作成

国税庁の「平成29年分の相続税の申告状況について」によると、相続税の課税対象となった被相続人数と課税対象金額は、ともに上昇しています（**図表1-4、1-5**）。また、2015（平成27）年の相続税改正により、遺産に係る基礎控除額が引き下げられた影響もありますが、相続される財産に占める「現金・預貯金」の割合も増加しています（**図表1-5**）。

　現在、わが国の金融資産の65％は60歳以上の人口が保有しているといわれています。その高齢者世代が過去に例を見ないペースで亡くなっていくのですから、相続される金融資産は増加し続けるといえるでしょう。

終活市場の拡大

　相続を含めた人生の終わり方について、事前準備を行う「終活」も活況です。「終活」は、2012年の流行語大賞ノミネートや映画のヒット、専門紙の創刊などで認知度が高まり、今や「終活」ブームとなっています。

　楽天インサイト株式会社が2018年1月に実施した「終活に関する調査」では、20代から60代の男女1,000人の「終活」の認知度は96.6％でした。認知度の上昇に伴い、様々な企業が「終活」業界に参入するなど、終活市場はさらに拡大しています。

●**専門紙「ソナエ」創刊**

　産経新聞社から、終活をテーマにした季刊誌「ソナエ」が2013年に創刊され、相続や葬儀、供養、墓地選びといった情報を専門的に取り上げています。

●**一般社団法人終活カウンセラー協会®**

　2011年に始まった「終活カウンセラー」の受講者数は1万4,000人にのぼります。「終活」に関心をもつ一般消費者だけでなく、金融機

関行職員や、弁護士・税理士が取得するケースも見受けられます。

● イオンライフ株式会社

　イオンリテール株式会社は、「イオンのお葬式」を運営する葬祭事業を分社化し、2014年9月から新会社「イオンライフ株式会社」を設立しています。24時間対応のサポートセンターを設けて、全国の直営店で終活フェアを開催するなどの活動を行っています。

● ビジネスフェア

　2018年に東京ビッグサイトで開かれた「第4回エンディング産業展」には2万4,972人が来場しました。また、1996年に葬祭業界随一の総合展示会として始まった「フューネラルビジネスフェア」は、2019年には23回目を数え、葬祭事業者および関連事業者のための最新設備機器・システムの総合展示会とシンポジウムが行われています。

● ポータルサイト

　鎌倉新書（出版社）は、葬儀関連の各種事業者を比較選択できるポータルサイトを複数運営しています。「いい葬儀」「いいお墓」「いい仏壇」「遺産相続なび」「遺品整理なび」は、累計65万件を超える相談を受けています（2018年9月現在）。

　これらの他、相続によって発生する金融資産の預け先を決める被相続人と相続人をサポートするサービスも多様化しています。また、2015（平成27）年の相続税改正を主なきっかけとした「相続ビジネス」も、成長を続けています。

● 日本生命保険相互会社

　保険金の支払いだけでなく、公的機関への届出や相続などの手続きをサポートする「ニッセイご遺族あんしんサポート」は、2016年にサービスを開始し、2ヵ月で200件を超える引き合いがあったといわれています。本商品は、被保険者が亡くなった際に必要となる広範な手続きについて、ご遺族をトータルでサポートするサービスです。

● 三菱ＵＦＪ信託銀行

　死後、自身の財産を、計画的に家族へ承継できる遺言代用信託「ずっと安心信託」の販売を、2012年に開始しています。発売から2年足らずで5万件の契約を突破するヒット商品となりました。

● 弁護士会

　東京弁護士会は、2016年に「終活部会」を立ち上げ、各地で終活セミナーを開催しています。他の弁護士会でも同様の活動が見られ、「終活弁護士」を名乗る弁護士も登場しています。

　現在は、いわば「終活ブーム」といえる状況です。この「終活ブーム」によって、従来はタブーとされていた「死」を、普段から意識し、事前に準備を行う人たちが増えてきました。従来、人任せ・成り行き任せにしてきた「相続」を、自分の問題と捉え、主体的にその方法を選択するようになってきたのです。

　相続によって、それまでの契約を終えて宙に浮く金融資産は、今後も増加を続けます。そして、その受け入れ先の決定権をもつ被相続人と相続人をサポートするサービスも、多様化していきます。

　消費者は、様々なサービスを通じて「相続」の方法を比較検討し、選び取る時代になってきたといえるでしょう。

Point

- ☑ 日本は多死社会を迎え、相続件数が増加している
- ☑ 終活市場の活性化により、消費者は相続サービスを比較検討するようになってきた

2 金融機関にとっての課題

世代交代という課題と相続手続の重要性

●**金融機関を取り巻く環境変化**

　社会の変化に加え、金融機関を取り巻く環境も変化しています。

　地方銀行や信用金庫等、地域金融機関は、相続対策の相談への対応を強化しています。背景には、長く続く低金利や人口減少などで、地域金融機関の経営を取り巻く環境が厳しくなってきたことが挙げられます。金融再編の波が押し寄せ、金融機関の合併のニュースなども多くみられるところです。

　全国2万4,000局の郵便局ネットワークを代理店とするゆうちょ銀行や、農業にまつわるトータルケアを行い協同組織の力を発揮するJAは、お客様の世代交代をきっかけとした契約の損失、貯金の他行への流出に敏感になっています。高齢世代への訴求力が強く、若い世代への訴求力に課題がある両団体にとって、親世代のご愛顧を子世代につなげることは、重要な課題といえるでしょう。

●子世代への承継

相続は、個人のお客様にとって、大きな金額が動くきっかけとなります。事業承継を機に取引銀行を再考し、取引を見直すお客様も少なくありません。

また、相続は、それまであまり来店することのなかった子世代のお客様に接する、貴重な機会でもあります。地域に根差した金融機関ならではの強みを活かし、お客様の心情に寄り添った対応を行って、親世代との親密な関係を示すことができれば、これまで接点のなかった子世代のお客様の信頼を勝ち取ることも不可能ではありません。

「お客様の世代交代」という課題への対策としても、相続手続における接遇応対は重要です。

相続手続におけるトラブルとその背景

相続手続において、クレームが発生することは少なくありません。
・若手行職員が無神経な言動をしてご遺族を怒らせた。
・他のお客様が大勢いる窓口カウンターで、ご遺族に対して死因を声高に尋ね、「ここでは言いたくありません！」と激高させてしまった。
・死亡による保険金の入金をきっかけに「ご入金ありがとうございます！」と電話営業をしたところ、「死亡保険金なのに無神経だ」と怒られた。

そして、これらのトラブルの結果、「預貯金をすべて引き上げられてしまった」という結果に至ることも起こり得ます。これらはいずれも、ご遺族の心情を理解していない接遇が原因だったといえるでしょう。

これまで、金融機関における相続対応についての研修は、「相続や死亡手続の書類処理を、いかに間違えずに行うか」という側面を充実させた内容で、関連する法令や金融機関内部の事務処理の学習が中心でした。「喪の作法」や「ご遺族への接遇応対」は、個人の勘と経験

に任せられ、年配行職員から若手行職員へと自然に伝わってきた面が強いでしょう。

　しかし現在、行職員は、ご遺族になった経験がなく、ご遺族の心痛を理解しにくい方が大半といえる状況です。業務経験豊富なベテラン行職員でも、同居の家族を亡くした経験がない方が多いのではないでしょうか。

　現代の日本では、寿命が延び、核家族化が進んだことで「親しい人の死」に直面する機会が減少しました。マナーとしての礼儀作法は知っていても、ご遺族の心情はわからないといった状況がほとんどかもしれません。

　実際に、「相続手続の時、ご遺族に何を言えばよいのかわからない」と悩む窓口や渉外担当者の声は多く聞かれます。個人の勘と経験により、自然に伝わってきたご遺族への接し方を、組織的に見直す時がきているといえるでしょう。

Point

- ☑ お客様の世代交代への対策としても相続の手続きは重要
- ☑ ご遺族の心情を理解し、ご遺族への接遇を見直す時期にきている

3 お客様との信頼関係構築のためにできること

■ 真実の瞬間

　「真実の瞬間（Moment of truth）」という言葉があります。これは、スカンジナビア航空のＣＥＯに就任し、業務不振に苦しんでいた同社を再建したヤン・カールソンが提唱したスローガンです。

　消費者であるお客様は、その企業に接するほんの短い時間で企業全体に対する良し悪しを決定し、評価するといわれています。つまり、「航空会社への印象を決めるのは、長いフライトをよい機体で過ごすことでも安い料金でもなく、困った時に接した係員の約15秒間の態度である」というのがこの言葉の意味するところです。スカンジナビア航空は、現場でお客様と接する係員に権限を与え、お客様に寄り添った接客を推奨することで再建を果たしました。

　人は、弱っている時や困っている時に親切にされたことは忘れません。また、不安定な心理状態で受けた接客は、普段以上に印象に残ります。ストレスの多い接遇シーンこそ、ロイヤルカスタマー（**図表1－6**）を作る機会になるのです。

図表1-6 顧客層のイメージ

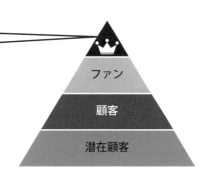

☑ **ロイヤルカスタマー**

　その会社への高い忠誠心（ロイヤリティー）をもつ熱心なファン。
　競合他社の製品・サービスと比較検討を行うことが少なく、その会社を積極的に選択する顧客層。

読者の皆さんも、普段の生活のなかで経験があるのではないでしょうか。例えば、飲食店でグラスを割る、飲み物をこぼすなどの失敗をした時。お店のスタッフが感じよく迅速に対応してくれたら、「あのお店はよいお店だ」とファンになります。一方、どんなにお気に入りのお店でも、あからさまに嫌な顔をされたり、嫌味を言われたりしたとしたら、「あのお店にはがっかりだ」と、二度と訪れないようになるでしょう。同じことが、金融機関においてもいえるのです。

相続人である以前にご遺族であるお客様

皆さんは、日ごろの業務において、"相続手続"をどのように捉えているでしょうか。「処理が複雑なので、間違いがないように緊張する」という方、「忙しい時は、面倒な手続きに当たってしまったと思ってしまう」という方も多いかもしれません。窓口担当者の、「役所の封筒を持った人が入店してくると（うわぁ、どうしよう、相続だ！）と焦ってしまう」という声も耳にします。

しかし、相続の手続きに来店する方は、ほとんどが、大切な家族を亡くしたばかりの「ご遺族」です。「相続人」である以前に、心身に傷を負ったご遺族であることに思いを馳せてみてください。ご遺族は、肉体的にも心理的にも疲弊し、複雑な感情を抱いて、相続手続に金融機関を訪れます。

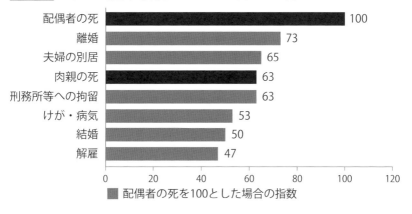

図表1-7 ストレス評価尺度（ホームズ＆レイ、1967年）

項目	指数
配偶者の死	100
離婚	73
夫婦の別居	65
肉親の死	63
刑務所等への拘留	63
けが・病気	53
結婚	50
解雇	47

■ 配偶者の死を100とした場合の指数

　図表1-7は、アメリカの社会生理学者ホームズらが行った研究において、人生におけるストレスの大きさを示したものです。「配偶者の死」を100のダメージとすると、「刑務所等への拘留」は63、「解雇」は47とされています。

　ご遺族は、「こんなにも死別がつらいとは思わなかった」「世界観が変わった」と口にします。死別を経験したことのない方にはピンとこないかもしれませんが、自分が突然理不尽な理由でリストラ（解雇）されたと想定してみてください。そして、その状態でハローワークに届け出をしに行くときの心境を想像してみてください。ご遺族はその倍以上のストレスを抱えながら、相続の手続きを行っているのです。相続手続に来訪されるご遺族は、最も慎重かつ丁寧な接遇が必要なお客様であるといえます。

本書の目的

　前述したようなご遺族の心理状態を理解するために有効で、ご遺族への接遇応対のヒントになるのが「グリーフケア」です。
　グリーフケアは、精神医学・臨床心理学を中心に研究されてきた学

問分野です。悲しみに暮れ、時には社会生活や日常生活を営めなくなってしまうご遺族をどのようにサポートするのがよいか、という探求の結果といえます。近年、日本でも注目が集まるようになり、精神科医や心療内科医・臨床心理士といった遺族ケアの専門家だけでなく、業務でご遺族に接する看護・介護業界、福祉業界、葬儀業界の方が学ぶようになりました。

　グリーフケアの一般認知度はまだまだ低いのが現状ですが、ご遺族への接し方に必要な知見がたくさん用意されています。相続や事業承継の業務でご遺族に接する、金融機関行職員の皆様の業務にもきっと役に立つことでしょう。

　本書では、金融業界で働く皆様に向けて「グリーフケア」を解説します。そして、グリーフケアを通じて、遺族心理を理解し、「ご遺族への望ましい接し方」を考えます。

　本書をきっかけに、相続の手続きをされる方を、「相続人」ではなく「大切な方を失ったご遺族」として認識し、相続の手続きという機会を、お客様との信頼関係を築き、ロイヤルカスタマーとなっていただく「真実の瞬間」に変えていきましょう。

> **Point**
> - ☑ 相続の際の接遇は、契約を大きく左右する可能性がある
> - ☑ 「相続」の背景には死別があり、お客様は「相続人」である以前に「大切な方を失ったご遺族」である
> - ☑ 「相続」の業務知識の一環として、遺族心理を知っておく必要がある
> - ☑ 遺族心理を学ぶには「グリーフケア」を知ることが有効

第 **2** 章

グリーフケアとは

　グリーフケアは、ご遺族が死別を受け入れ、再び人生を歩むために必要なケアです。
　現代の日本では、身近な人の死を経験する機会が減少し、喪の儀式や習慣は形骸化しています。グリーフケアの認知度も低く、ご遺族の多くは、周囲の人からの心ない言動に傷つけられる「グリーフ・ハラスメント」を経験しています。
　本章では、メンタルヘルスの問題として「グリーフ」を捉えて、グリーフケアとは何かを学びましょう。

1 グリーフケアとは

グリーフとは

「グリーフケア」は、よく「ご遺族の心のケア」と訳される言葉ですが、もう少し詳しく読み解くと、次のような解釈になります。

●「グリーフ (Grief)」……日本では「悲嘆」と訳されることが多い英語です。大切な存在を失ったことによって生じる、深い心の苦しみを含む様々な反応を意味します。

「大切な存在」には、家族や友人という「人」だけでなく、家財や財産といった「物」、立場や仕事などの「役割」、「関係」も含まれます。そして、最も耐え難いとされる「死別」による悲嘆は、特に「ビリーブメント (bereavement)」と呼ばれることがあります。

●「ケア (Care)」……自ら、または周囲の人が行う、世話、配慮や気配り、手入れ、メンテナンスを意味します。

グリーフワークとは

大切な方を失ったご遺族は、死別を受け入れ、大切な人がいなくなった世界で、もう一度人生を作り上げていく作業が必要になります。これを、グリーフワークとよびます。

死別は、人に様々な困難をもたらし、時にはアイデンティティまで奪うこともあります。その痛みや苦しみは、自分の力だけで克服したり忘れたりすることは難しいものです。

●グリーフの痛みの例
・配偶者を失った場合……精神的な支柱を失うだけでなく、収入の保証や家事の担い手を失い、生活そのものが困難になる。
・子どもを失った場合……「親」という役割を失い、未来への展望を失う。
・事故で亡くした「事故死」、災害で亡くした「災害死」の場合……その人の存在だけでなく、このまま続くと思われた安全な世界が失われたと感じる。
・自殺による「自死」の場合……自分とその人との関係の意義を見失う。

グリーフケアとは

　グリーフワークを、当事者だけで行うのは困難であり、周囲の人々からの援助やサポートが必要になります。これを、「グリーフケア」または「グリーフサポート」とよびます。本書では、「グリーフケア」に統一します。

　グリーフケアは、「悲嘆研究」として精神科学の分野で研究されてきた経緯があり、臨床心理学（心理カウンセリング）の世界で「悲嘆カウンセリング」として発達してきました。また、宗教者や哲学者によって「死生学」として研究されてきた側面もあります。

2 グリーフケアの現状

欧米におけるグリーフケア

イギリスには国家的なグリーフケア組織「Cruse Bereavement Care（クルーズ ビリーブメント ケア）」があります。寄付やボランティアで運営されていて、電話や対面でのグリーフケアカウンセリングを、誰もが無料で受けることができます。親や兄弟・姉妹を亡くした子どもへのサポートも手厚く、ボランティアへのトレーニングやワークショップも定期的に行われています。冊子やリーフレットも用意されていて、ウェブサイトだけでなく、フェイスブックやインスタグラムといったSNSも併用して、「グリーフへの対処の仕方」や「援助の求め方」を広報しています。

また、カウンセリング大国のアメリカでは、病院で人が亡くなると、ご遺族にグリーフケアカウンセリングが勧められます。「グリーフケア」という言葉も一般的で、専門家でない人々にも、日常語として通用するようです。

日本におけるグリーフケア

日本では、1995年の阪神・淡路大震災の後、グリーフケアが着目されるようになりました。

● 日本におけるグリーフケアの動き

1990年前後	死別体験者同士のサポートグループによる活動
1995年	阪神・淡路大震災
2004年	犯罪被害者等基本法（注1）成立
2006年	自殺対策基本法成立。自死遺族への支援が活発化
2008年	日本グリーフケア協会設立

2009年	グリーフケア研究所設立
2011年	東日本大震災
2011年	京都グリーフケア協会設立
2018年	日本グリーフ＆ビリーブメント学会設立

(注1) 犯罪被害者等のための施策を総合的かつ計画的に推進することによって、犯罪被害者等の権利利益の保護を図ることを目的とする法律。犯罪被害者等は、個人の尊厳が重んじられ、その尊厳にふさわしい処遇を保障される権利を有することなどが定められている。

　2004年には、「犯罪被害者等基本法」が成立し、犯罪被害者へのサポートが本格化して、犯罪被害者遺族への支援も行われるようになりました。また、2006年には「自殺対策基本法」が成立し、自死遺族（自殺で家族を失った人）への支援が活発化するようになりました。

　それ以前から、死別体験者同士のサポートグループは全国に散見されたのですが、徐々に「グリーフケア」の担い手が求められるようになり、日本にも複数のグリーフケア推進組織・団体が存在しています。今では、医師や臨床心理士だけでなく、クライアントの死に直面する医療・看護・介護・福祉業界の方がグリーフケアを学ぶ場が整備されつつあります。また、宗教界の方や葬儀業界の方がグリーフケアを学ぶ例も増えてきています。

　2008年には「日本グリーフケア協会」が設立され「グリーフケア・アドバイザー」が育成されるようになりました。そして、2009年にはグリーフケアを専門とした教育研究機関「グリーフケア研究所」が設立されました。「グリーフケア研究所」は、ＪＲ西日本の福知山線事故を契機に、ＪＲ西日本および公益財団法人ＪＲ西日本あんしん社会財団の支援により設立されました。現在では、同協会は上智大学に移管され、東京の四谷キャンパスと大阪サテライトキャンパス（大阪市北区）の２ヵ所で公開講座が開かれています（2019年）。

さらに、2011年には「京都グリーフケア協会」が設立され、看護師・介護福祉従事者・葬祭業従事者へのグリーフケア教育の場が用意されました。そして、2018年12月には、一般社団法人として「日本グリーフ＆ビリーブメント学会」が発足され、2019年2月に「第1回日本グリーフ＆ビリーブメント学会　総会および学術大会」が京都府の龍谷大学で開催されました。

　グリーフケアに注目が集まるようになった背景の一つに、大震災の影響が挙げられます。特に、阪神・淡路大震災や東日本大震災以降、メディアで大量の「死別の物語」を目にするようになりました。これらの物語は、これまで漫然と「いつまでも続く」と思っていた日常が、ある日突然途絶えるということを私たちに知らしめました。大震災を

> **Memo**
>
> ### グリーフケアに関連する主な団体
>
> - 公益社団法人 全国被害者支援ネットワーク
>   https://www.nnvs.org/
> - 特定非営利活動法人　全国自死遺族総合支援センター
>   http://www.izoku-center.or.jp/
> - 一般社団法人日本グリーフケア協会
>   https://www.grief-care.org/
> - 上智大学グリーフケア研究所
>   https://www.sophia.ac.jp/jpn/otherprograms/griefcare/
> - 一般社団法人京都グリーフケア協会
>   http://www.kyoto-griefcare.or.jp/
> - 一般社団法人日本グリーフ＆ビリーブメント学会
>   http://gandb.net/
> - 一般社団法人日本グリーフケアギフト協会
>   http://griefcaregift.org/

通じて、初めて「死」を、いつか自分にも降りかかる身近な出来事として感じるようになった方も多いのではないでしょうか。

しかし、日本の一般社会における「グリーフケア」の認知度はまだまだ低いのが現状です。マスメディアで「グリーフケア」が取り上げられると、グリーフケア関連団体には問い合わせが殺到し、「自分もグリーフケアを受けたい」「グリーフケアについて教えてほしい」といった電話が1日中鳴りやまないこともあるそうです。

一般社団法人日本グリーフケアギフト協会が、金融機関の行職員を対象に実施したグリーフケア研修の受講者1,200人のうち、「以前からグリーフケアを知っていた」と答えた人はわずか2名のみ。認識率は0.16％でした。「認知度は低いが需要は高い」のが、日本のグリーフケアの現状といえます。

Column 1

日本の金融機関におけるグリーフケア

　金融業界でグリーフケアが注目されるようになってきたのは、ごく最近のことです。
　住友生命保険相互会社では、東日本大震災をきっかけに「グリーフケアブック」を作成。2015年度から、「グリーフケア」を新人営業職員の研修のカリキュラムにも取り入れています。郵便局では、2015年から様々な地域の郵便局長有志によって、「グリーフケア」を学び、相続の手続きなどで郵便局を訪れたご遺族に「窓口グリーフケアギフト」をお渡しする取組みが始まりました。また、東濃信用金庫（岐阜県）でも同様の取組みを行っており、これらが業界新聞で報道されたことを受けて、グリーフケアに着目しはじめた地方銀行・信用金庫・生命保険会社が多数あります。

グリーフケアが必要とされる背景

● 社会構造の変化

　グリーフケアに注目が集まるようになった背景には、社会の変化があります。かつての日本では、複数世代におよぶ大家族で生活を営み、地域共同体で協力し合って葬儀を行っていました。そのなかで、誰もが同居していた曾祖父母や祖父母との死別を経験し、近所の長老を亡くし、葬儀に参加することで、「人を亡くす」という経験を積んできました。「喪の習慣」を学び、立ち居振る舞いを身につけると同時に、「死別の苦しみへの対処法」も自然に伝わってきたといえるでしょう。第二次世界大戦とその戦後において、死は身近なものであり、乳幼児の死亡率も高いなど「死別」は日常的な出来事でした。

● 日常生活から隔離される「死」

　現代では、生活単位は核家族が中心となり、病院や介護施設で亡くなる人が増えて、葬儀は葬儀社を通じて行うものになりました。それに伴って、死を身近に感じる場が減りました。

　その結果、両親や配偶者を亡くす時に初めて「死別」に直面し、どのように対処すればよいのかわからず、途方に暮れる人が増えました。臨床心理士によると、「従来、グリーフケアが必要となる方は事故や突然死による死別を経験した方がほとんどだったが、最近では両親を老衰で亡くした方にケアが必要になるケースが増えている」といいます。

　また、周囲の人々も死別の経験がないため、「ご遺族」への接し方に悩んでいます。インターネットの質問サイトに「友達が母親を亡くしましたが、どうしたらよいでしょうか」といった質問がいくつも並んでいるのはこのためでしょう。

●変革が求められる喪のマナー

　生活様式の変化を経て、喪にまつわる儀式や習慣は形骸化しているともいえます。例えば、従来12月初旬までに届けられる「喪中欠礼状」に対しては、年が改まり、松の内が明けてから「寒中見舞い」で返信するのがマナーとされてきました。この喪中欠礼状は、年内に近親者と死別したときに、年賀状の交換を辞退する旨を伝える書状ですが、すでに訃報を知っていて、そのうえで受け取ることがほとんどでした。

　しかし、現代では「喪中欠礼状」を受け取って初めて死別を知るというケースが増えています。従来のマナーに則ると、「死別を知ったのに1ヵ月近く何もリアクションを起こさない」ということになってしまいます。これに疑問に感じる人が増え、最近では「喪中見舞い」という習慣が提唱されています。これは、喪中欠礼状で死別を知ったら、年明けを待たずに、お見舞いを送るという新しい習慣です。

Column

支持が広まる喪中見舞い

　日本郵便は、2013年に、お香やはがきの「喪中見舞い商品」を発売しました。日本香堂が2014年に行った調査によると、「喪中見舞い」の認知度は43.7％。喪中見舞いを受け取った経験のある人は45.5％でしたが、「先方のやさしい気遣いを感じてうれしかった」とする方が最も多く（81.6％）、今後、「喪中はがきを受け取ったら、喪中見舞いを送りたい」と思う人は72.8％でした。喪中見舞いという新しい喪の習慣は、日本社会に定着していきそうです。

グリーフ・ハラスメント

一方で、周囲の人の言動に傷つくご遺族が後を絶ちません。

「死別後につらかったこと」として「思いやりのない言葉をかけられた」を挙げたご遺族は38％（注2）であり、「死別後に、周囲の人からの言葉や態度で傷ついた経験がある」と答えたご遺族は59％（注3）という調査結果があります。

また、こういった経験をもつご遺族は、そうでないご遺族に比べ、精神疾患になりやすいという調査もあります。

一般社団法人日本グリーフケアギフト協会では、こういったご遺族を追い詰める言動を「グリーフ・ハラスメント」と名付け、社会問題として啓発しています。

「グリーフ・ハラスメント」は、遺族心理を理解しない人が増えたことが背景にあるものです。メンタルヘルスの重要性が認識されている現代において、ご遺族への接し方は「マナーや礼儀・習慣」ではなく、科学的な根拠に基づく実践的な対処方法として捉えるべきではないでしょうか。誰もが「グリーフケア」を学び、社会の課題として「グリーフ・ハラスメント」を防止することが求められているのです。

（注2）坂口幸弘『死別の悲しみに向き合う―グリーフケアとは何か』
（注3）一般社団法人日本グリーフケアギフト協会『遺族の気持ち白書』

Point

- ☑「認知度は低いが需要は高い」のが、日本のグリーフケアの現状
- ☑ マナーや礼儀ではなく、メンタルヘルスケアとして「ご遺族への接し方」を考える必要がある

Memo

グリーフ・ハラスメントの例

　一般社団法人日本グリーフケアギフト協会の調査において、ご遺族から寄せられた「周囲の人の言動で傷ついたこと」には、次のようなものがあります。

○**周囲の詮索**
- 子どもを小児がんで亡くしましたが、「うちの子は、どうしたらその病気にならなくて済むの？」と言われたことがありました。もう14年が経ちますが忘れられずにいるので、きっと私の心に刺さったままなのだと思います。（40歳代女性）
- 弟を亡くして程なく甥っ子を事故で亡くした時、同僚から「立て続けに不幸なことが起こるし、何か祟られてるんちゃうか、お祓いした方がええで」と言われました。祟りで片付ける安直で他人事な物言いに、腹が立ちました。（50歳代男性）

○**死因を責める**
- 「なぜ手遅れになるまで周りの者が気付かなかったのか？」と言われました。確かに以前に比べ痩せたことは感じていましたが、それを異常なことと感じておらず、もっと細やかに体調のことなどを気遣ってあげていれば助けられたのかも知れないと思っていたところに改めて言われることで自責の念にかられ、辛い気持ちになりました。（40歳代女性）
- 母が心筋梗塞で急逝し、お葬式の後、義母（夫の母）と話していたとき、母の食生活を根掘り葉掘り尋ねられ、心筋梗塞の原因を勝手に推測された。今、そんな話はやめてくれと思った。「あなたにはお母さんはもう1人いるから悲しまないで」などと言ってほしかった。悪い人ではないが、急逝して動揺しているこちらの気持ちを汲んでほしかった。（40歳代女性）

○**デリカシーのない親族**
- 主人の両親が、1ヵ月半の間に亡くなった時に親族から「お葬式が続いて休暇を取るのが大変だった」と言われました。両親を亡くした主人の悲しみを思うとデリカシーのない言葉に腹立たしく思いました。（50歳代女性）
- 小学3年生の時に父を亡くし、母と2人になった一人っ子の私に対して、葬儀後すぐに、親戚から「これからはあなたがしっかりしなさい」と言われた。「応援する」「助ける」とまでは言わなくてもいいが、9歳に向かって過酷な言葉だと感じた。（50歳代女性）

○**業務で死別に立ち会う人**
- 火葬場の職員に「今日は、もうすでに燃やしているから、火の回りは早いよ。入れてこっちで点火する前から火がついて燃え出すよ」と言われた。こちらは父親を亡くして最後の見送りと思っていたが、あまりにもデリカシーのない言葉をかけられた。一緒にいた母親も絶句していた。（40歳代男性）

第 3 章

ご遺族の心理状態を理解する

　本章では、多くのご遺族が体験する、受容までのグリーフのプロセスと、様々な反応について解説します。
　死別によって、ご遺族は大きなストレスと疲労にさらされます。精神面や身体面だけでなく、行動面や認知面にも影響が現れるものです。ご遺族が死を受容するまでには1〜2年が必要だとされています。
　また、グリーフが深刻な場合、医療機関での治療が必要となります。そこで、現在受けることのできる遺族サポートの種類と現状についても紹介します。これらは、業務でご遺族に接する職業人としてだけでなく、1人の市民としても知っておくと役立つ事柄です。

死別後に訪れる心理状態と肉体の疲労

死別によってもたらされるストレス

　死別は人生で最もストレスの高い出来事の一つとされています。ホームズ＆レイによる「ストレス評価尺度（1967年）」については前述したとおりですが（第1章3p.13）、他にも、死別の過酷さを示すデータがあります。

● うつ病疾患率

　死別後はうつ病を罹患する確率が高くなるといわれています（Zisook & Shear World Psychiatry 2009）。

・通常の罹患率：人口の3〜7％
・死別後7ヵ月のご遺族：23％
・死別後13ヵ月目のご遺族：15％

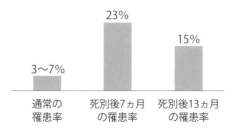

● 心血管疾患での死亡率

　死別を体験すると、心血管疾患での死亡率上昇が上昇するといわれています。55歳以上の男性が配偶者を失うと、配偶者のいる人に比べ、死亡率が40％近くも上昇します（Parkes & Weiss Br Med J 1983, Carey et al. JAMA 2014）。

図表3-1 平成28年における配偶関係別の自殺死亡率（配偶関係別人口10万人当たり）の状況

〈男性〉 (人)

年齢階級	30歳代	40歳代	50歳代	60歳以上
有配偶者	11.5	15.7	20.4	21.4
死別	136.7	95.1	73.6	51.0

〈女性〉 (人)

年齢階級	30歳代	40歳代	50歳代	60歳以上
有配偶者	5.0	6.3	9.9	10.4
死別	18.7	14.6	19.8	16.2

(出所)「平成30年版自殺対策白書」厚生労働省より作成

● **自殺率**

　厚生労働省の「平成30年版自殺対策白書」によると、配偶者と死別した人の自殺率は、配偶者がいる人に比べ高くなっています（**図表3-1**）。30歳代男性で約12倍、40歳代男性で約6倍、50歳代男性で約3.7倍、60歳代男性で約2.4倍となっており、女性もすべての年代を通じて約2倍になっています。

　死別の苦しみは疾患も引き起こし、「死にたい」と思う希死念慮が高まってしまうほどに、ご遺族を追い詰めることも多いといえます。

肉体的な疲労

　ご遺族は、肉体的にも疲労します。長期看病を伴う逝去の場合は、それまでの通院の付き添いや看病を通じて、疲労が蓄積しているものです。一方で、急逝の場合は、その事実を受け止めるだけでも大きな負担となるものですが、それに加えて警察の取り調べを伴う場合もあり、手続きや連絡に翻弄されます。

そして、葬儀を執り行うのには多大な労力が必要です。最近では、家族葬が増加するなど簡素化傾向にあるとはいえ、関係者の意見を取りまとめ、日頃付き合いのない葬儀社と契約を結び、親族親戚、友人知人に連絡をとり、式を執り行うのは一仕事です。葬儀費用や香典で大きな金額を扱うことも疲労を加速させます。

ご遺族は皆、肉体的にも疲労しているといえます。

死別後の症状

前述した疲労感のなか、ご遺族には様々な症状が現れます。よくみられる「正常な反応」として、次の4種類の症状が挙げられます。

①精神面の症状
- 恋慕の念、切望
- 抑うつ気分、不安感、恐怖感、絶望感
- 罪責感、自責感
- 敵意、怒り、いらだち
- 現実感の喪失、感情の麻痺
- 願望充足的な幻覚や錯覚（注1）

（注1）亡くなった人の声が聞こえた、今そこの角にいた、と感じるなど。

②身体面の症状
- 睡眠障害、浅眠、熟眠感がない
- 食欲低下、嚥下障害
- 頭痛、腹痛
- 動悸、呼吸のしづらさ
- 疲れやすさ、疲労感
- 故人と同じような身体症状（注2）

（注2）くるぶしが痛むという症状を訴えていた夫を亡くした妻が、自分もく

るぶしに痛みを感じるようになるなど。

③行動面の症状

- 涕泣（ていきゅう）、号泣
- 社会的接触の回避、ひきこもり
- アルコール乱用・アルコール依存
- 過活動（注3）、現実への逃避（仕事に打ち込む等）
- 故人を想い出すものの回避（注4）

  （注3）絶え間なく動き続けること。事故で子どもを亡くした親が、寝食を忘れて事故の再発防止の活動にのめりこむなど。
  （注4）通っていた病院に近づけない、近くを通ると足がすくむので遠回りするなど。

④認知面の症状
- 思考判断力の低下
- 注意の障害、記憶力の低下
- 決断困難
- 思考停止（注5）
- 故人が生きているといった錯覚や幻想

  （注5）堂々巡りのように同じことを考えて先に進まない、簡単な決断さえできないなど。

　大切な方を失った経験のある方は思い当たる節があると思いますが、そうでない方は「こんな症状まで引き起こされるのか」と驚かれるのではないでしょうか。
　嘆き悲しむ、疲れやすいといった予想できそうなことから、「故人が生きているといった錯覚や幻想」とぎょっとするような症状まで並

んでいます。いずれも「ご遺族によくみられる正常な反応」なのです。
　前述のような反応は、人によって様々です。故人のことを忘れたくなくて部屋中に故人の写真を貼る人もいれば、「思い出すとつらい」と写真をすべて処分してしまう人もいます。同じ人が、時間の経過と共に正反対の行動をとるようになることもあります。ご遺族自身も様々な症状に驚き、「自分はおかしくなってしまったのではないか」と戸惑う人が多いようです。
　特に覚えておきたいのは、死別が認知面の症状をも引き起こすことです。思い込みや勘違いは多く発生します。そのため、死別後は「転居や転職など大きな判断を避けたほうがよい」とさえいわれています。
　相続手続の際、「来店されるご遺族は、きちんと話を聞いていて、メモまでとっていたのに、指定と違う書類を持ってきてしまう」「普段はしっかりしたお客様なのに、受け答えがかみ合わなくて当惑した」という経験がある方も多いのではないでしょうか。
　金融機関を来訪するご遺族は、表面上はしっかりしているように見えても、内面ではこのような反応が起こっている可能性があることを知っておくとよいでしょう。

Point

☑ 死別は人生最大のストレス
☑ 死別は、心理面・身体面だけでなく認知面にも影響を及ぼす
☑ 死別の反応は人それぞれ

例 【認知面の反応の例】

私は、2007年に一人息子を小児がんで亡くしました。生後10ヵ月の時に「神経芽細胞腫」と診断され、1年間大学病院に入院しました。一旦は寛解して退院し、保育園にも通い始めたのですが、ある春の夜、息子は突然息を引き取ってしまいました。脳にがんが再発していたことが見逃がされていたのです。あまりのショックに様々な感覚が失われました。食事をとろうとしても、金属のような変な味がして、のどを通りません。

次に、理解度が極端に落ちていることに気がつきました。葬儀社の方と打ち合わせを行っていた時のことです。「宗派はどうしますか？」「香典返しはどれにしましょう？」といった単純な問いかけには答えることができます。しかし「初七日後のお振る舞いですが、仕出しと折詰があって、仕出しの場合は、3日前には人数確定が必要です」と聞かれた時、言葉がまったく頭の中に入ってきませんでした。「あれ？」と思って「すみません、もう一度お願いします」と再度お聞きしたのですが、やはりまったく理解できません。

自分が他人の言葉を理解できていないことさえも理解できず、呆然としていると、近くで聞いていた妹が助け舟を出してくれました。「お姉ちゃん、お葬式の後の食事を決めるのだって。お弁当はどっちがいいかな？」「そうだね、こっちだね。こっちだったら、3日前、えーと今日中に注文する数を決めなければいけないそうよ。どうする？」と、質問をいくつかに分けてくれ、ようやく理解することができました。

当時を振り返り、妹は「あの時のお姉ちゃんはしっかりしているように見えたけれど、どこか変で、どうなってしまうのかと心配になった」と話しています。

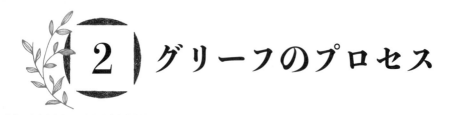

2 グリーフのプロセス

■ ご遺族がたどる道〜受容までに必要な時間〜

　ご遺族は、死別をすぐには受容できません。種々の症状に悩まされ、様々な感情を経て、ようやく死を受け入れます。

　特に感情は嵐のように訪れます。最初に現れるのは「否認」という感情です。「あの人が死ぬ訳がない、きっと何かの間違いだ」「こんなことが起こってよい訳がない」と事実を否定したくなる感情です。

　そして、徐々に事実を認めざるを得ない状況になると、「もう一度会いたい」「最後にもう1回だけ話したかった。抱きしめたかった」という「恋慕」の感情が現れます。

　そして、「どうしてあの人が死ななければいけないのだ」とやり場のない「怒り」が現れます。「怒り」は死別と密接な感情です。「怒り」は様々な方向に向かいます。「あの医者があの時きちんと処置してくれれば」「あんなことを言うなんてあの看護師は許せない」と医療従事者に対して向かうこともあれば、「夫があんなことを言ったから娘は自殺してしまった」「奥さんがもっと食事に注意していてくれれば私の弟は死なずに済んだ」と身近な親族に向かうこともあります。

　「怒り」は自分自身にも向かいます。「あの時自分がもっと注意深ければ早く病気が発見できたのに」「生きているうちにもっと親孝行をすればよかった」「あの時出かけるのを止めていれば事故は防げたのに」という気持ちです。自分自身に対する「怒り」は「後悔」となり、自分自身を苦しめ続けます。

　そして、「寂しさ」が訪れます。何をしても、どこに行っても、あの人にはもう会えないのだ、ということがわかってくると、闇のよう

な寂しさが襲ってきます。くつがえすことのできない"別れ"に打ちのめされるのです。

ご遺族は、こういった感情を経て、最後にようやく死を「受容」します。「受容」に到達するまでに必要な時間は、個人差はありますが、概ね以下のようにいわれています。

- 通常の悲嘆　1〜2年程度
- 配偶者を亡くした場合　2年
- 子どもを亡くした場合　2〜5年以上

自死や災害死、事故死など「突然死」の場合は、これよりもより多くの時間が必要となります。

死別を受け入れるまでの「12段階説」

死別を受け入れるまでのプロセスは、様々なモデルで表現されています。代表的なものとして、日本人に最も適しているといわれる、アルフォンス・デーケンの12段階説を紹介します。

●アルフォンス・デーケン　12段解説

1段階　精神的打撃と麻痺状態

愛する人の死という衝撃によって、一時的に現実感覚が麻痺状態になる。本能的な防衛規制。

2段階　否認

感情・理性共に愛する人の死という事実を否定する。「あの人が死ぬわけがない、きっと何かの間違いだ」という心理状態。

3段階　パニック

死に直面した恐怖により、極度のパニックを起こす。

4段階　怒りと不当感

不当な苦しみを負わされたという感情から、「私だけがなぜ？」などと強い怒りを感じる。突然死の後では、強い怒りが爆発的に吹き出す。

5段階 敵意とルサンチマン（恨み）

周囲の人々や故人に対して、敵意という形でやり場のない感情をぶつける。

6段階 罪意識

過去の行いを悔やみ自分を責める。「生きているうちにもっと〇〇すればよかった」「あの時〇〇していれば」など。

7段階 空想形成

幻想・空想の中で、故人がまだ生きているかのように思い込み、実生活でもそのように振る舞う。

8段階 孤独感と抑うつ

葬儀などが一段落し、周囲が落ち着いてくると、紛らわしようのない寂しさが襲ってくる。

9段階 精神的混乱とアパシー（無関心）

日々の生活目標を見失った空虚さから、どうしていいかわからなくなり、あらゆることに関心を失う。

10段階 あきらめ・受容

自分の置かれた状況を明らか（注6）に見つめて受け入れ、現実に勇気をもって直面しようとする努力が始まる。

11段階 新しい希望・ユーモアと笑いの再発見

ユーモアと笑いは健康的な生活に欠かせない要素であり、その復活は悲嘆プロセスを乗切りつつある印である。

12段階 立ち直り・新しいアイデンティティの誕生

喪失前の自分に戻るのではなく、苦悩に満ちた悲嘆のプロセスを経て、より成熟した人格者として生まれ変わる。

（注6）「明らか」にするには「あきらめる」というニュアンスを含む。仏教用語の語源。

これらの段階は一様に進んでいくのではなく、行ったり来たりしながら、徐々に段階を登っていくものとされています。

喪失に適応する「課題説」

J．W．ウォーデンは、「喪失者は4つの課題を達成することで、喪失に適応してゆく」として「課題モデル」を提唱しました。

● J．W．ウォーデン　課題説

課題1　**喪失の現実を受け入れること**
喪失を、理性だけでなく情緒的にも受け入れること。

課題2　**悲嘆の痛みを消化していくこと**
悲嘆による苦痛を認めて対処できるようになるということ。

課題3　**故人のいない世界に適応すること**
これには、以下の3つの領域での適用が必要。

- 外的な適応……故人がいない状態で日常生活を営んでいけるようになること。家事を頼っていた母親や配偶者を亡くした場合、事務処理をすべて頼っていた夫を亡くした場合などに適応が困難。
- 内的な適応……故人を失った状態で自分の存在意義を再構築すること。「妻であること」や「母親であること」にアイデンティティを見出していた場合、その対象を失った場合の打撃は大きい。
- スピリチュアルな適応……努力や工夫で人生を切り開いてきた人にとって、死別による喪失は理不尽で受け入れがたい出来事となる。死別の意味や意義を問いたくなり、生活信条の再構築を求められる。

課題4　**新たな人生を歩むなかで、故人とのつながりを見出すこと**
人との思い出やつながりを、自分の中の適切な位置に収めること。故人のことを四六時中想うのではなく、故人の存在を内面に同居させながら、新しい人生を歩んでいくイメージ。「まだ人生を楽しめない」と感じるのならば、この課題は完了していないことになる。

この４つの課題をクリアすることで、ようやく人は死を「受容」することができるといわれています。

グリーフワークのゴール

いずれの説でも、ゴールは「回復」でなく「適応」です。亡くなった方や亡くなった方との生活を忘れるのではなく、「苦痛なく思い出すことができる状態」が最終段階として位置づけられています。

死別の反応は人それぞれで、「正しい」ものも「正しくない」ものもありません。すべての人は、それぞれ異なったグリーフのプロセスを辿ります。しかし、グリーフにこうした段階があることを知っておくことは、ご遺族に接する際にも役立ちます。また、ご自身や身近な人がご遺族になった際にも役に立つでしょう。

Point

- ☑ 死別は人に様々な感情を引き起こす
- ☑ 人は様々な段階を経て、死を受容する
- ☑ 受容に至るまでの期間は１～２年以上が必要といわれている

3 記念日反応

記念日反応とは

　命日や誕生日、結婚記念日など、故人とご遺族にとって「特別な意味をもつ日」の前後に、心身の調子を崩すご遺族は少なくありません。代表的な記念日は、命日です。その日が近づくと、どことなく落ち着かない気持ちになる人や、「どうも気持ちがふさいで仕方ない」と感じる人、注意力が散漫になり思わぬけがをする人もいます。命日をきっかけに、一旦克服したかに思えたグリーフの症状がぶり返すこともあります。

　このような反応は、すべて「記念日反応」または「アニバーサリー反応」とよばれます。これも、ご遺族によくみられる正常な反応です。ご遺族は「記念日反応」があると知り、「気をつけよう」と意識するだけで、少しだけその季節をやり過ごしやすくなります。「自分は回復できたと思ったけれど、まだ駄目だった」と失望する必要もありません。

　「記念日反応」は、知っておくだけで対処方法が身につくという、ご遺族にとって有益な知識の一つです。

記念日反応の例

　ご遺族にとって、命日だけでなく、様々な日が「記念日」になり得ます。

●月命日

　毎月、亡くなった日を「月命日」として大切にされる方もいます。例えば、命日が4月17日だとしたら、毎月17日は花を飾ったり、お線香をあげたりといった、その人にとっての儀式を行います。

●結婚記念日
　配偶者を亡くした方の場合は、結婚記念日も亡くなった方の不在を感じさせる日です。また、「バレンタインデーやクリスマスが寂しくてつらい」という方もいます。

●誕生日
　子どもを亡くした方の場合は、特にその子どもの誕生日にも反応が出やすい傾向にあります。毎年、互いの誕生日を祝っていた配偶者を亡くした方にとっても寂しさを感じる日です。

●母の日・父の日・子どもの日
　母の日や父の日、子どもの日、ひなまつりなども寂しさがつのる日です。その役割を失ったことを感じさせたり、その人の不在を強く意識させたりします。

●入院した日・手術した日
　病気による死別の方の場合は、病名が判明した日や入院した日も記念日になり得ます。骨髄移植の日や手術の日が近づくとつらいという方も多いようです。

●お正月・お盆
　日本人にとっては、お正月やお盆もつらい季節です。親族で集まったり家族団らんが強調される季節には、いなくなってしまった家族の存在を意識させられます。

記念日反応への対処方法

前述したイギリスのグリーフケア組織Curse Bereavement Care(クルーズ ビリーブメント ケア)のウェブサイトには、クリスマスへの対処の仕方が掲載されています。欧米でのクリスマスは、日本のお正月と同じように特別で大切な期間です。「同じ人を亡くした家族同士でも、クリスマスをどう過ごしたいか意見が異なる」と指摘し、対処方法として「早くから予定を相談して決めること」を提案しています。私たち日本人がお正月を迎える際にも参考になりそうです。

同じ家族の間でも「どう死別の苦しみに向き合うか」「向き合いたいか」が異なることは珍しくありません。ある親は「子どものことを忘れたくない」と写真を家中に貼ることを望み、もう一方の親は「思い出すと悲しみに胸が張り裂けそうだから」と遺品をすべて処分することを望んだりします。

子どもを失った夫婦は離婚しやすいといわれますが、それはお互いの悲しみ現れ方の違いに違和感を覚えることが要因の一つのようです。「しきたり」や「世間の常識」に捉われず、「自分たちがどうしたいか」を正直に話し合ってみることが対処法になるといえるでしょう。

死別を経験した方の例

ご遺族によって、死別の反応が異なるように、記念日反応の現れ方も様々です。以下に、ご遺族から直接お聞きした記念日反応の事例を紹介します。

●香りの記憶

「娘が息を引き取ったのは、金木犀が咲いている季節でした。金木犀が咲く季節は今でも苦手です。金木犀の香りをかいだだけで気分が悪くなることもあります」

●**命日は外出したくない**

「3年前に母を亡くしました。自分は社交的な性格だと思いますが、命日だけは静かに過ごしたいと感じます。命日はどんな約束も断って外出しないようにしています」

●**怪我をしてしまう**

「毎年命日前後に、火傷をしてしまったり、包丁で指を切ったりしてしまいます。外科の先生に『あなたは、毎年この時期にだけ来られますね』と言われてハッとしました。死別後7年が経過して、ずいぶん回復したように思いますが、命日前後は怪我や事故に気をつけるようにしています」

Point

- ☑ 記念日反応(命日・結婚記念日などの記念日に心身の調子を崩すこと)はご遺族によくみられる
- ☑ 記念日反応の存在を知り、心構えをすることで痛みが低減できる
- ☑ 記念日反応を知っておくことはご遺族にとって有効である

4 ご遺族への援助

これまでみてきたように、苦しむご遺族に対し、様々な人が様々な形で援助を行っています。**図表3-2**は、日本におけるご遺族サポートの概念図です。

最も悲嘆が重い場合には、第4段階の精神疾患の専門家による治療が必要になります。その前段階の第3段階では、かかりつけの医師や産業医が「特別な治療が必要な段階か、安定剤などを処方し様子を見ればよいか」を判断します。その手前の第2段階として、医療従事者でなく、同じ体験をしたご遺族同士で対処方法を教えあう場もあります。

本書は、第1段階にあたる方々を対象に、「望ましい対応」と「ご遺族に接する方が行うべき対応」を記しています。そこで、ここからは、相続手続等の業務でご遺族に接する金融機関の行職員として知っ

図表3-2 遺族ケア介入レベルおよび対応者について

遺族ケア介入レベル	対応者
第4段階 精神疾患への対応　適応障害・うつ病の治療	専門家（精神科医・心療内科医・臨床心理士・専門看護師など）
第3段階 悲嘆反応への対応　正常な心理反応のケア	一般医療者
第2段階 遺族会などでの組織的対応　喪失反応についての理解、援助の求め方など	遺族会・自助グループ
第1段階 誰もが知っておくべきご遺族への対応　してはいけない対応など啓発事項も含む	家族・友人・社会一般

(出所)大西秀樹・石田真弓「家族と遺族のケア」心身医学vol.54 No.1 2014より作成

ておきたい、遺族支援の概要を紹介します。

複雑な悲嘆

　長い間、グリーフは正常な反応であり、治療が必要となる疾患ではないとされてきました。しかし、ご遺族の10％は治療が必要な「複雑性悲嘆（complicated grief）」に陥るといわれています。この「複雑性悲嘆」は、疾患でないとしても何らかの援助や治療が必要であると指摘されてきました。そして、現在では、国際的な研究の結果から精神疾患に位置づけられるようになってきています。

　例えば、以下の場合は、早急に、前頁**図表3-2**の4段階に位置する専門家につなぐ必要があるとされています。

・うつ病に陥っていると思われる場合（食欲不振や不眠などが続く場合など）
・希死念慮が強くなっていたり、自傷他害のおそれがみられたりする場合
・アルコール依存などの問題が生じている場合
・社会生活ができないほど、感情コントロールができない場合

　本人に「専門家の治療が必要」と告げることが難しい場合は、家族や主治医・他の機関と連携して注意を払う必要があります。

医療機関の現状

　しかしながら、多くの地域で評判のよい精神科や心療内科は混み合っていて、すぐに受診できないことも珍しくありません。意を決して精神科に電話し、予約を入れようとしたら、「紹介状のない初診の方の診察は1ヵ月後になる」と言われ、絶望するケースもみられます。

　地域に根差した金融機関の役割として、いざという時に備えて、地元で信頼できる専門医の情報や、それらの病院の混雑状況は把握して

おきたいものです。

　手がかりがない場合は、厚生労働省のウェブサイト『知ることからはじめよう　みんなのメンタルヘルス総合サイト「地域にある相談先」』が参考になります（https://www.mhlw.go.jp/kokoro/support/consult_2.html）。また、市町村役場の保健福祉関連の部署も頼りになります。例えば名古屋市では、健康福祉局障害福祉部精神保健福祉センターが地域の精神科・心療内科に精通しています。

　さらに、まだ数は少ないのですが、「遺族外来」を設け、ご遺族を専門に診察している病院もあります。これは、2007年に大西秀樹教授が埼玉県医科大学国際医療センターを開設したのがはじまりで、徐々に全国に広まりつつあります。

　専門的な医療機関を受診することが難しい場合は、まずかかりつけ医に相談するのも一案です。安定剤や胃薬などの薬を処方してもらえることもありますし、必要に応じて近隣の精神科・心療内科に紹介状を書いてもらうこともできます。

心理カウンセリング

　心理カウンセリングもグリーフケアには有効です。精神科や心療内科、遺族外来にカウンセリングルームが併設されていることがよくありますが、多くの場合、心理カウンセリングは健康保険適用外です。

料金は一般的に、1時間5,000円から8,000円程度となっています。

　健康保険組合によっては、保健同人社などの心理カウンセリング提供サービス会社と契約し、福利厚生の一環として無料で心理カウンセリングを受けることのできる会社もあるようです。

　この心理カウンセリングも、一般の方にはなじみのないサービスでしょう。お困りのお客様にご案内できるよう、準備しておくとよい情報の一つです。

　心理カウンセラーが用いる心理療法は様々ですが、複雑性悲嘆には「認知行動療法」が有効とされています。これは、「認知」と「行動」に焦点を当てる心理療法で、うつ病からの職場復帰にもよく利用されるものです。心理カウンセラーを探す際の参考にするとよいでしょう。

遺族会・自助グループ

　日本では、「グリーフケア」という言葉が知られる前から、同じ体験をしたご遺族同士が集まり、自分の死別体験を語り合ったり、レクリエーションに取り組んだりする会が各地で運営されています。

　会の担い手は、当事者であるご遺族、支援団体、医療機関が組織するものなど様々で、その名称も「分かち合いの会」「集い」「ミーティング」などバリエーションがあります。

　そのため、「自分も参加したい」と思ってインターネットで検索しても、自分に適した会が見つけられないことが多々あります。また、検索の際に目にしたくない情報に接してしまうこともあります。孤独感を感じているご遺族やそのご家族に代わって、適切な会を探して差し上げることもよいでしょう。

　友人知人と疎遠になるなど、孤独感を感じがちなご遺族にとって「同じような経験をしている仲間がいる」と知るだけでも、勇気づけられる経験になると感じます。

ただし、その方の状況やパーソナリティによって、これらの会に参加することが助けになる方もいれば、そうでない方もいます。個人的には、グループワークは時として死別直後のご遺族には、刺激が強すぎるようにも感じます。あくまで参考情報としてご案内するにとどめ、参加を押しつけないようにしましょう。

Memo

検索の手掛かりとなるサイト

● **特定非営利活動法人　全国自死遺族総合支援センター**
http://www.izoku-center.or.jp/
電話相談や全国の様々な団体が開催する「わかちあいの会」の紹介がある。

● **生と死を考える会全国協議会**
http://www2u.biglobe.ne.jp/~shinai/seitoshi.htm
死生学で有名な、上智大学のアルフォンス・デーケン氏が名誉会長。「会員一覧」に全国の組織一覧が公表されている。住所のみでホームページのない組織も多々あるが、一般の方向けのサポートを行っている組織もある。

● **関西遺族会ネットワーク**
http://izoku-net.com/
関西地域で、遺族会を開催しているグループによるネットワーク。開催地域・亡くした人・亡くした理由で遺族会の検索ができる。

● **天使になった子供たち**
http://minna.eek.jp/angel/
病気・事故・自死（自殺）・災害などで子どもを亡くされたご家族のコミュニティサイト。

よき市民として〜グリーフ・ハラスメントの防止〜

　ご遺族は、周囲の人からの悪気のない言動に傷ついています。一般社団法人日本グリーフケアギフト協会のアンケート調査によると、「死別後に、周囲の人からの言葉や態度で傷ついた経験がある」と答えたご遺族は59％でした。また、別の研究では、遺族外来を訪れたご遺族の60％が「周囲の人からの態度や行動、言葉かけ」に苦しんでいるという結果もあります。

　ご遺族は、「あなたが悲しんでいたら、故人も悲しむわ」といった故人の気持ちを勝手に代弁する行為、「早く次の子どもを生まなきゃね」といった無神経な励ましや、「いつまでも泣いていたらだめ。前向きにならなきゃ」といった前進を強要する言葉に傷ついています。

　これらの言葉の詳細は第5章（p.75）で取り上げますが、いずれもグリーフへの正しい理解がないことから発せられる言葉で、「役に立たない援助（unhelpful support）」とよばれています。

　これらの言葉を投げつけられたご遺族は、そうでないご遺族に比べ

Memo

災害時のグリーフケア

●「一般社団法人日本DMORT（Disaster Mortuary Operational Response Team：災害死亡者家族支援チーム）」が、ウェブサイトで公開している「家族（遺族）支援マニュアル」(http://dmort.jp/)

　日本DMORTは、2006年に発足した団体で、災害時に遺族支援を目的として、災害医療従事者からなるチーム派遣を行っています。災害は起こらないに越したことはありませんが、いざという時のために覚えておくとよいでしょう。

てうつ病などの疾患にかかりやすいという研究結果もあります。

　メンタルヘスケアの重要性が認識され、多死社会を迎える今後は、一般市民としてもグリーフへの正しい知識をもち、ご遺族に適切に接することが求められています。

　金融機関の行職員は、地域社会の中で一目置かれ、信頼される「よき市民」としての役割も担っています。セクシュアル・ハラスメントやパワー・ハラスメントは、企業内教育等を通じてその概念が社会に広がりました。グリーフ・ハラスメントも、金融機関におけるグリーフケア研修を通じて普及し、グリーフと遺族心理についての正しい理解が社会に広がることを願っています。

Point

- ☑ ご遺族への援助には様々な段階がある
- ☑ グリーフが深刻な場合は、専門家による治療が必要である
- ☑ よき市民として、グリーフ・ハラスメントを行わないよう、遺族心理を知っておく必要がある

Column 1
人生の糧となるグリーフケアの知識

　読者の中には、ご自身が死別を経験したご遺族である方もいらっしゃるでしょう。そんな方々は、遺族心理を理解しており、かつ金融機関での相続手続も理解している貴重な存在です。

　死別を経験したことは、職業人生上も決してマイナスにはなりません。ぜひ、ご遺族としての経験を、相続の手続きに活かしてみてください。死別を経験した方ならではの気遣いは、きっとお客様に伝わります。

　残念ながら人間の死亡率は100％です。死なない人間は存在しません。私も読者の皆様も、遅かれ早かれいずれは亡くなります。つまり、自分も家族も、誰もがいつかは「ご遺族」になるのです。

　グリーフケアを知っておくことは、業務の上での接遇に役立つだけでなく、私生活でも、人生の知恵として活きることでしょう。今後あなたが死別に直面して困難を感じることがあれば、グリーフケアのことを思い出してください。きっと役に立つはずです。

　金融機関にお勤めの皆様は、地域社会や血縁関係の中で「信頼できる人」と認識されていることと思います。もし葬儀等で、ご遺族に心ない言葉をかける方を見たら、「そんなことを言うのはよくない」と話し、グリーフケアの考えを伝えてください。

　読者の皆様を通じて、社会にグリーフケアの考え方が広まり、ご遺族を傷つける「グリーフ・ハラスメント」が減ることを願っています。

第4章 ご遺族にとっての相続手続を理解する

　この章では、ご遺族にとって相続手続がどのようなものであるか、どのような状況で手続きを行っているのかを確認します。
　ご遺族は、死を受容する前に、多種多様な手続きを行う必要があります。「まだ死を受容していない段階で、死亡を申し出る」という行為は、心理的にも負担が大きいものです。また、手続きのなかで、心ない言葉や対応に傷つけられることが多々あります。一度でも傷ついたご遺族は、「また嫌なことを言われるのではないか」と警戒しながら次の手続きに臨みます。
　相続の手続きに来店する人は「相続人」である以前に、何らかの傷を負った「ご遺族」であると認識しなければなりません。

1 相続人が行う多くの手続き

　心理的にも肉体的にも疲れ切ったご遺族に課せられるのが、相続の手続きなど、死亡にまつわる各種届け出です。

　図表4-1は、ご遺族が行わなければならない手続きを図に表したものです。

　死別の原因が何であっても、ご遺族は疲れているものです。長期にわたる看病が伴った場合には、疲労が蓄積しています。老衰など予期された死別でも、葬儀を終えるのにはエネルギーが必要です。そのため、ご遺族は可能な限り刺激を避け、自宅でじっとしているのがよい

図表4-1　ご遺族が行う主な相続の手続き

時間の流れ

- ○病院
  - ・死亡診断書
  - ・葬儀社手配

- ○市役所
  - ・死亡届（7日以内）
  - ・火葬許可

- ○葬儀
  - ・葬儀社との打ち合わせ
  - ・参列者への連絡
- ○友人・知人への対応
  - ・各種お礼
  - ・弔問への対応

- ○各種保険
  - ・健康保険の手続き
  - ・保険金の請求
- ○年金事務所
  - ・受給停止（14日以内）
  - ・遺族年金などの手続き
- ○税務署
  - ・準確定申告（4ヵ月以内）
  - ・相続税の申告（10ヵ月以内）

- ○名義変更
  - ・公共料金（電気・ガス・水道・電話・インターネット・NHK）
  - ・土地・建物・自動車
- ○様々な契約の解除
  - ・携帯電話・クレジットカード
  - ・定期通信販売

- ○遺品の整頓
  - ・形見分け
  - ・処分
- ○埋葬
  - ・納骨
  - ・墓所

金融機関窓口を訪れるのはこのあたり
すでに他で嫌な思いをしている可能性大

安心して相談できる窓口は貴重な存在……

とされています。

しかしご遺族には、外に出かけて果たさなければならない仕事がたくさんあります。それが、役所や保険事務所などへの死亡手続、そして税務署や金融機関で行う相続の手続きです。

ここから、死別体験のない方もご遺族の心理状態を理解できるよう、相続手続に訪れるご遺族が置かれている状況をみてみましょう。

死亡直後の届け出

●病院での手続き

病院で亡くなった場合、まず病院で「死亡診断書」を受け取ります。そして、遺体となった故人を自宅に運ぶために、葬儀社を手配します。子どもなど自家用車で運べる場合は、「死亡診断書」を携帯していれば、抱きかかえて乗車して構いません。チャイルドシートに座らせる義務はなくなります。「亡くなった」ことをまだ受け止められないでいるご遺族に、「法律上、人ではなく遺体に扱いが変わった」ことを感じさせる瞬間です。

●市役所での手続き

次に、病院で発行された「死亡診断書」を持って、市役所に向かいます。「死亡届」を提出し、「火葬許可証」を受け取るためです。この「火葬許可証」がないと、火葬場で遺体を骨にすることができません。

死亡届は、通常市役所の「戸籍課」に提出します。出生届や、結婚届を提出するのと同じ窓口です。出生届や結婚届を提出し、祝福を受けている人々の横で「死亡」を届け出なければなりません。葬儀社によってはこの手続きを代行してくれるところもあるようです。

●警察の調査

事故や事件で亡くなった場合、警察による調査があります。

人は、急な出来事をなかなか受け入れられないものです。ましてや

それが、昨日まで元気だった大切な家族の死亡ならばなおさらです。「死亡事案」として扱われるだけでもショックなのに、ご遺族に対して容疑がかかり、尋問を受ける場合もあります。「どうして1人で外出させたのですか？」といった何気ない質問が、後悔の渦の中にいるご遺族をさらに追い詰めます。

葬儀の手配

● 葬儀社との打合せ

次に行わなければならないのが、葬儀の手配です。「遺体」となってしまった家族を長く手元に置いておくことはできません。エンバーミング（消毒や保存処理などすることで長期保存を可能にする技法）を施さない限り、ドライアイスで鮮度を保つのには限界があります。葬儀会社の手を借りずに火葬を行うのは一般的でありません。葬儀をどの葬儀社に頼むのか、どの規模で行うのか、短時間で親族間の意見をとりまとめ、関係者に連絡を入れます。

多くのご遺族は、葬儀までの慌ただしさに驚くものです。一般社団法人日本グリーフケアギフト協会が行ったアンケート調査に寄せられた、葬儀に関するコメントには、以下のようなものがあります（『遺族の気持ち白書』2017年）。

● 葬儀にまつわる負担や不満の例

・「葬式とか法事とか結構忙しく、また親戚やら近所の人やら巻き込むので気も使うしゆっくり感傷にひたる暇もない」（40歳代男性）
・「葬儀の段取りなどがとても性急で近隣などへの対応が慌ただしかった」（40歳代男性）
・「初七日など細かいルールがよくわからなかった。亡くなってすぐ葬儀の手配などをしたので、ゆっくり別れる間もなかった。火葬場の時間の都合で式が決まることにも驚いた」（30歳代女性）

・「葬儀から納骨までの流れについて、何となくそういうものだと一般に思われていることと、自分の中での消化していく時間的な差に対する違和感。そういうものなんだから、と何処の誰からも当たり前だよと言われることに気持ちが追いつきませんでした」（40歳代女性）

●**親族とのやり取り**

葬儀の準備が進むと、親族が集まってきます。当事者は悲しみにひたる暇もないまま、感情を押し殺して、葬儀の準備に取り組みます。時には、夜中に容体が急変してそのまま亡くなるというケースもあり、睡眠や食事もままならずに対応に追われる場合もあります。

そのような状況にもかかわらず、集まってきた親族の中には、無神経な言葉を投げつけ、ご遺族を追い詰める言葉を言う人がいます。葬儀は、グリーフ・ハラスメントが最も発生しやすい場面です。また、香典の管理や返礼でも一波乱があったり、唐突に相続のことを口に出す人もいたりして、ご遺族は疲弊します。

年金・各種保険・税務の届け出

　葬儀とその後の対応がひと段落すると、弔事休暇も終了します。しかし、しなければならない手続きは残っています。勤務の合間をぬって各機関に足を運ぶ必要があります。例えば、公的年金の受給停止を年金事務所等に届け出なければなりません。また、健康保険の手続きも必要です。生命保険などに加入していれば、その対応もしなければなりません。自動車保険などは、契約者が死亡した場合、契約をそのままにしておくと補償対象外になってしまうこともあるので早期の対応が必要です。その他、死亡の翌日から４ヵ月以内に準確定申告が必要な場合もあります。これは税務署への申告が必要です。

　普段なじみのない事務所に出向き、順番を待って、見慣れぬ書類を書き、必要書類を揃えて提出するのは、心身が万全な時でも疲れやストレスを感じることの多い行為でしょう。本人の性格や状況にもよりますが、一度や二度は「無神経だな」「ぞんざいな扱いを受けた」と反感を感じる場面があるものです。

遺産分割協議・名義変更

　これは、預貯金や有価証券、土地家屋などの不動産、そして借入金等の遺産を分割する、いわゆる「相続」です。相続人を確定し、遺産

分割協議を行います。その後、名義変更手続を行います。
　ご遺族が金融機関を訪れるのは、この段階といえます。預貯金口座が凍結されると、原則、口座からの払戻しや引落としはできません。一般的に、日常必要な支払いが口座引き落としになっている契約は複数あります。電気・ガス・水道といった公共料金だけでなく、新聞やＮＨＫ受信料、携帯電話料金、クレジットカード、各種通信販売など様々な支払いが考えられます。１つの口座が凍結されると、その影響は多岐に渡ります。
　ある金融機関の支店長は「年配の女性が、公共料金の引き落とし口座の変更に来店したら、それは配偶者を亡くしたばかりの方であることが多い」とおっしゃっていました。
　口座引き落としを契約している企業が、死亡時の手続きに慣れていればよいのですが、そうでないケースも多々あります。特に、新しいサービスは、「人が亡くなること」を想定していない場合が多々あります。
　数年前、ツイッターをにぎわせた投稿に、「父が亡くなったため携帯電話の解約に行ったが、窓口で『ご本人でないと解約できません』と言われた」というものがありました。おそらく窓口の担当者は「人が亡くなった」という事実が実感として理解できず、マニュアルどおり「解約の申し出」として処理したと思われます。この対応を受けたご遺族は、「本人を連れて来られるものならば、連れて来たいものだ」「生きているなら解約しない」とやるせない気持ちになったことでしょう。
　こういった手続きを経るなかで、ご遺族は次第に疲弊し、「また嫌な思いをするかもしれない」と思いながら、次の手続きに向かうようになります。

遺品の整理・埋葬

　最後に残るのは、遺品の整理と埋葬です。予め寿命を感じ、終活をしていた方にはない状況かもしれませんが、若くして急に亡くなった場合や、現役で職に就いていた方の場合、学校や職場の私物を引き取りにいかなければいけません。

　この作業は、故人の生前の生活を垣間見られる貴重な機会であると同時に、ほかの方が元気に日常生活を続けているのを見て、「なぜうちの人だけ」と複雑な感情になる瞬間です。

　自宅にある私物もなんとかしなくてはいけません。ご遺族によっては、生前使っていた部屋をそのままに保ちたいという方もいれば、寂しくなるのですべて処分してしまいたいという方もいます。

　そして、最後に埋葬・納骨です。埋葬や納骨は、かつてとは異なり選択肢が増えました。思い出の場所に散骨を希望する方、遺骨をアクセサリーに入れて持ち歩く手元供養という方法をとる方など、様々な思い出の残し方があります。どの方法を選ぶのか、家族間での合意が必要になります。

　また、ご遺族が「気持ちが落ち着くまでゆっくり考えたい」と思っていても、親族や宗教関係者の介入を受け、急かされるように納骨を行い、後悔する人もいます。子どもを亡くした親の中には、「親族に説得され、一旦は夫の一族のお墓に納骨したが、そこに置いておくことがかわいそうで取り返した」という人もいました。

一連の手続きを通じて

　これらの一連の手続きは、「実際に当事者になってみて、はじめて大変さを知った」という方が多いものです。

　普段、相続手続を処理する側の金融機関行職員からも、「実際に自

分が遺族になってみて、こんなに数多くの手続きが必要だと思い知らされた」「事務手続が難しいというよりは、様々な思い出が交錯して心理的に困難だった」と聞くこともあります。

家族との死別経験がなく、ご遺族の状況を想像できない方は、引っ越しの手続きを思い出してみてください。住所が変わると、銀行口座の変更や、クレジットカード会社への連絡、運転免許証の書換え、郵便物の転送届け、DMや通信販売などの住所変更など、様々な手続きが必要です。引っ越しの荷造りや立ち合い、荷ほどき作業にへとへとになり、勤務時間の合間をぬって手続きに苦労された経験があるのではないでしょうか。

死亡の場合、これらの手続きに加え、引っ越しの時に持ち運べるような携帯電話やインターネット関連のものまで、手続きが必要になります。

ご遺族は、それを通常とは異なる心理状態で遂行しなければならないのです。

Point

- ☑ ご遺族は多種多様な手続きを行う必要がある
- ☑ 手続きのプロセスで、心ない言葉に傷つけられることが多々ある

相続人の心理状態〜ご遺族にとっての困難さ〜

よく、「預貯金や保険の相続手続で、死別の悲嘆に暮れるお客様への適切な対応方法がよくわからない。難しい」というお悩みを聞きます。多くの金融機関で、ご遺族を怒らせてしまうケースが多々発生し、結果としてそのご家族の契約すべてを失うことも少なくないようです。これらのトラブルの背景には、以下の要因があると考えられます。

要因① 時 期

金融機関などに死亡の届け出を行うのは、通常死別後〜半年前後です。この時期、ご遺族はまだ死別を「受容」していません。

第3章2（p.35）で述べたとおり、ご遺族が心情的に死別を受容するのは少なくとも1〜2年が必要であるといわれています。しかし、相続の手続きはその前に行わなければなりません。

まだ自分自身が受け入れられていない悲しい出来事を、他人に話すという行為には、苦痛が伴います。例えば、受験や昇進試験に失敗した直後に、他人に試験結果を聞かれたら「答えるのが嫌だ」と躊躇するのではないでしょうか。また、離婚した後、身近な人にそのことを相談するのはよいのですが、親しくない人に「ご結婚されているのですか？」と聞かれたら、「答えたくない」と胸に痛みを覚えたり不快感を覚えたりするのではないでしょうか。少なくとも「自らすすんでその事実を公開したい」と思う人は少ないでしょう。

しかし、金融機関を訪れるご遺族は、見知らぬ行職員に、自ら「亡くなりました」と告げなければなりません。しかも、普段より疲労している状態で、自らなじみのない場所へ出向いて、です。

ご遺族自身が自覚していることは少ないのですが、これは、心理的

な負担の大きい行為です。

> **例**【通信教育の手続き】

　息子の入院中、幼児向けの通信教材を取り寄せていました。入院仲間の先輩お母さんに「付き添いをしているとおもちゃを買いに行く暇がないけれど、これは定期的に送られてくるから便利よ」と教えてもらったものです。

　息子の死後も、教材は定期的に送られ続けました。最初は「ああ、あの子が楽しみにしていたおもちゃだ」と祭壇にお供えしていたのですが、徐々に息子も自分も知らないおもちゃやキャラクターが送られてくるようになり、悲しくなったので解約しようと思いました。

　解約方法を調べてみると、電話のみの受付けだったため、私はお客様センターに電話をしました。

　センターのオペレーターはよく教育されており、手続きはスムーズに進みました。親切な対応に内心ほっとしていると「お客様、お手続きは以上になります。最後に、もしよろしければ、解約の理由を教えて頂けないでしょうか」と聞かれました。その質問があまりにも不意だったため、私はつい正直に「受け取る本人が死んでいなくなってしまったので」と答えてしまいました。

　電話の向こうで小さな「ハッ」という音が聞こえました。電話の向こうで相手が息をのんでいるのがわかります。私は、今まで親切で朗らかだった人を困らせてしまっていることに気がつきました。

　私は焦って説明を重ねます。「あの、ずっと病気で入院していて。入院中はおもちゃを買いに出かけることが難しいのですが、毎月ちょうどよいおもちゃが送られてきて助かりました。病院で貴社の講座は人気なんですよ。今まで楽しませていただいてありがとうございました」

私が無駄に言葉を重ねている間に、オペレーターも気を取り直したようです。「そうでしたか。私どもの講座を楽しんでいただきありがとうございました。言いにくいことを言わせてしまってすみません」と、最後まで親切で丁寧な姿勢を崩すことなく、手続きは終了しました。

　これが、私が事情を知らない人に「息子が死んだこと」を伝えた最初の体験です。「そのこと」を言葉にして口に出した瞬間、相手の反応もさることながら、自分の胸が締め付けられるのを感じました。口の中にひんやりと冷たく重い大きなものが転がり込んできて、体の芯から冷え切って固まってしまうイメージです。

　電話を切った後、私は非常に疲労を覚え、しばらくその場から動けませんでした。いつものリビングの床をやけに冷たく感じたことを覚えています。

要因② 外　出

　ご遺族は「可能な限り、刺激を避け、自宅でじっとしているのがよい」とされています。死別の原因が何であれ、ご遺族は疲れているものです。精神面で「悲しい・寂しい」という反応が出ているだけでなく、身体面の「疲れやすい・眠れない」という反応や、認知面の「忘れやすい・注意力散漫」という反応が出て、思わぬ忘れ物をする、道を間違えるなどのトラブルが起こりがちだからです。

　また、外出すると、幸せそうな家族が目に入ります。配偶者を亡くした方はご夫婦連れを、親や子どもを亡くした方は親子連れを見ると胸が痛みます。失恋直後にカップルを見たくないのと同じ種類の心理ではないでしょうか。

　しかしご遺族は、外に出かけて死亡手続や相続手続を行わなければなりません。普段足を運ばない場所に行くのですから、普段目にしな

い風景を目にするでしょう。金融機関に辿り着くまでに目にとまる日常風景に、胸を痛めている可能性があります。

> **例　【夫を亡くした方】**
>
> 　夫を亡くしてから、土日のスーパーやデパートに出かけることを辞めるようにしました。幸せそうな夫婦が仲良く買い物をしているのを見るのがつらいからです。私は料理が好きで、できるだけその日に購入した新鮮な食材で料理をしたいのですが、金曜日までに買い物を済ませるようにしました。
> 　同じく夫を亡くした友人にその気持ちを打ち明けたところ「それは未亡人として基本の心構えね」と言われました。自分だけではないのだとほっとしました。

> **例　【子どもを亡くした方】**
>
> 　一人息子を亡くしましたが、子どもを亡くした後も母親である感覚はなかなか消えません。子ども服の売り場を見るとつい立ち寄ってしまいますし、本屋さんでも絵本コーナーを見る習慣をやめられませんでした。
> 　しかしある日、図書館に出かけ、本を選んでいると、隣に赤ちゃんを連れた人がいました。赤ちゃんはご機嫌で、スリングの中から無邪気に私に笑いかけました。その瞬間、その母親がものすごく羨ましくなってしまって苦しくなりました。
> 　それからは、小さな子どもを連れたお母さんがいない夜間の時間帯にしか、図書館に行けなくなりました。

要因③　過去の体験

　ご遺族は、いくつかの手続きを経るなかで、必ずといってよいほど嫌な思いを味わいます。病院や市役所といった人の死に慣れているはずの窓口で、驚くべき無神経な扱いを受けることがあるからです。

　一度でも嫌な思いをしたご遺族は、次の手続きに出向く際に「また嫌な目に合うかもしれない」「また無神経なことを言われたらどうしよう」と怯えるようになります。

　相続手続の際、最初から怒っているお客様に出会ったことはないでしょうか。その方は、あなたの接客に不満があるのではなく、「今までに出会った嫌なこと」に対して怒り、今回はそんな目に合わないようにと、力いっぱい虚勢を張っているのです。

　筆者は息子との死別後、子どもを亡くした親が集うウェブサイトで情報交換をしていました。そこには「手続き」にまつわる嘆きが多く寄せられていました。「小学校に備品を引き取りに行ったら、死因を根掘り葉掘り聞かれて疲弊した」「元気な他の子どもたちを見て、胸が引き裂かれそうになった」等々です。

　そして「明日は手続きに行ってくる」と決意表明するご遺族が現れると、「頑張って」「負けないで」とエールが送られるのが常でした。

> **例　【市役所で】**
>
> 　いわゆる難病で、大学病院に長く入院していた子どもを亡くしました。病院で発行された死亡診断書を持って、市役所に届け出に行った夫がとても暗い顔をして帰ってきました。「どうしたの？」と聞くと、「窓口で大きな声で『どうして２歳の子どもが死ぬのですか？』と詰問された。きちんと死因が書いてある診断書を出したのに。周囲の人

がぎょっとした顔をこっちを見ていた」とつぶやきました。

　後にわかったことですが、当時その市役所では「虐待死を見逃さないようにしよう」という通達が出されていて、子どもの死に敏感になっていたそうです。

　普段から温和で、人の態度や接客に文句を言うことのない人ですが、10年経った今でも「二度と市役所には行きたくない」と言います。

例　【病院で】

　死別後、長らくお世話になった病院から電話がかかってきました。「最後の入院費の支払いに来てください」とのことでした。予期せぬ死亡だったため、動揺して精算せずに病院を後にしてしまったのです。

　会計窓口に行って、息子の診察券を出し、「最後の入院費の精算に来ました」と告げると、受付の人はカードを機械に通しました。そして首をかしげて「あら、この5,000円は何かしら？」と言いました。彼女はその書類を手に取ると、奥にある端末に行き、何やら他のスタッフと相談し、満面の笑みで「なぁーんだ。死亡診断書代だった！」と手をひらひらさせながら戻ってきたのです。重病の子どもたちが多く入院する病院で、慣れているはずの業務なのに。

　12年たった今も、彼女の表情や化粧まで鮮明に覚えています。いまだに許すことができません。

例　【金融機関で】

　夫を事故で亡くし、銀行に手続きに行きました。窓口では、事務的に淡々と処理されたのに、残高が分かった途端、奥から上席者が出てきて、熱心に保険を勧められました。もみ手をするような態度に、「こ

第4章　ご遺族にとっての相続手続を理解する

の人には私の夫が死んだことよりも、夫が残した金額にしか興味がないのだ」と腹立たしくなりました。

> **例** 【金融機関で】
>
> 　自殺で息子を亡くしました。窓口の行員は親身になって丁寧に接してくださったのですが、バックヤードにいる、センターに電話連絡をしている人が、「そうです。死因は自殺です」と大声で話しているのが聞こえてしまいました。いたたまれない気持ちになりました。

> **例** 【様々な手続きをとおして】
>
> 　妻を亡くしました。一つひとつの手続きが終わる度に、妻が生きた証が、一つひとつ消されていくような気持ちになります。寂しくなり、妻の名前が書いてあるものは、預かり証でも捨てられません。

　このように、ご遺族は複雑な思いを胸に、様々な手続きに出向いています。

　相続手続を扱う方たちの中には、プライベートな事案ゆえに、あえて事務的に接する方も多いようですが、「大切な人の死を事務的に片づけられた」「死者を軽んじられているように感じた」と受け止めるご遺族が多いのも事実です。

　普段皆さんは、来店されるお客様に対して明るくはきはきと接遇することを心がけていると思います。ご来店時の挨拶の言葉を、声に出して練習している職場も多いことでしょう。

　しかし、ご遺族であるお客様に、普段と同じように明るく接することは適切ではありません。ご遺族は、人生のなかの一大事である死別

を告げています。弔意と敬意を示し、お客様の心情に寄り添った対応を行うことが求められます。

　相続手続に来店したお客様は、「相続人」ではなく、「ご遺族」である、と認識を変え、丁寧に接する必要があるといえるでしょう。

　次章以降で、「ご遺族であるお客様にどのように接するべきか」を提案します。

Point

- ☑ ご遺族はまだ死別を受容していない段階で死亡に関する手続きを行わなければならない
- ☑ ご遺族にとって死亡手続は心理的・肉体的にも負担が大きい
- ☑ 相続手続に来店する方は「相続人」である以前に、何らかの傷を負った「ご遺族」と認識する必要がある

Column 1

手続きではぜひ故人を「お名前」で呼びましょう

　ご遺族にとって、死別後に寂しさを感じる場面は多々あります。その一つが「故人の名前が呼ばれなくなること」です。奥様を突然亡くされた方は、「妻の名前が書いてある物が捨てられない。預かり証すら取っておきたくなる」と語っていました。また、お子様を病気で亡くされた方は、「今も、娘宛に塾の勧誘や通信教育のダイレクトメールが届く。死別直後は無神経だと反発を感じたが、今では娘の名前が書いてあるものが届くことがうれしくなる」と話していました。

　よく、人は２度死ぬといわれます。１度目は生命が途絶えた時、２度目は忘れられた時です。ご遺族は、故人が周囲の人に忘れられることが耐えがたく、様々な抵抗を試みます。

　アメリカには、亡くなった方の名前で、図書館に本を寄贈・寄付することが一般的に行われています。同様に日本でも、香典で寄付を行い、社会貢献活動に参加する習慣が広まっています。これは、故人の想いを形にすることができるだけでなく、所得税法上の「寄附金控除」や「住民税の寄付金税額控除」の対象となる場合もあります。また、故人の名前で基金を設立する人もいますし、故人の名前を冠したお店や事業を始める人も少なくありません。

　共通しているのは、「故人の名前を残したい」「忘れ去られたくない」「あの人が生きた証を残したい」という気持ちです。

　ご遺族にとって、故人の名前は特別なもの。相続や保険請求の手続きを行う際は、「故人様」でなく、「〇〇さんは……」と、名前で呼んでさしあげるとよいでしょう。

第5章 望ましい接遇手順

　ここまで、ご遺族の心理状態と、ご遺族にとっての相続手続がもつ意味をみてきました。本章では、ご遺族であるお客様に「どのように接するべきか」について、次の２段階に分けて紹介します。

１．ご遺族を傷つけないために守りたいこと
　「この窓口の人は無神経なことを言わなそうだ」と安心していただくために必要とされる基本知識。

２．ご遺族の心に残る接遇のために知っておきたいこと
　「自分の心情をよくわかってくれている」と思っていただくために知っておきたい、応用的な知識。

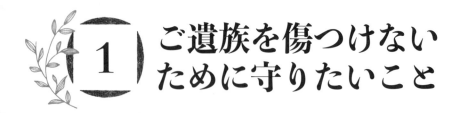
1 ご遺族を傷つけないために守りたいこと

　手続きを進める際、最低限目指したいのは「ご遺族を傷つけない」接遇です。

　ご遺族が最も嫌がるのは、無神経なことを言い、神経を逆なでするグリーフ・ハラスメントです。緊張しながら来店したご遺族に、「この窓口担当者は無神経なことを言わなそうだ」と安心していただくことが大切です。

　現時点では、まだグリーフケアを意識した接遇を行っている金融機関は少なく、ご遺族にとって傷つくことを言わない担当者は、それだけで貴重なものです。以下に述べることを守るだけで「他の金融機関とは違う、ご遺族の心情を理解した窓口」として認識していただけます。

〈グリーフ・ハラスメントを防ぐために守りたい7つのポイント〉
① 「相続人」ではなく「ご遺族」と認識を切り替える
② 弔意を示してから手続きの説明に入る
③ ご遺族を傷つける言葉を言わない
④ 言葉ではなく態度で弔意を示す
⑤ プライバシーに配慮する
⑥ ゆっくりわかりやすい説明を行う
⑦ 支店・チーム内でご遺族であるお客様の情報を共有する

①「相続人」ではなく「ご遺族」と認識を切り替える

　手続きに訪れるご遺族は敏感になっており、最初の5秒間で「この窓口は安心できそうだ」「この人は無神経そうなので、私を傷つける

ことを言いそうだ」などと判断します。特に、それまでに他の窓口で手痛い体験をしたご遺族は、瞬時に心のシャッターを下ろし、自分が傷つかないように心を閉ざしてしまいます。

　相続手続とわかった時の、最初の表情や口調には気をつけましょう。「めんどうな相続手続だ」と思うのではなく、「気持ちを込めて接客しなければならない、グリーフ状態のご遺族だ」と思うよう心がけることが肝要です。

　普段私たちは、お客様に「明るく元気よく」接することを意識しています。しかし「ご遺族」には、そのような接遇は望ましくありません。通常の営業モードでなく、相手に弔意を示す"グリーフモード"で接しなければなりません。

　しかし、忙しい業務のなかで、即座に感情や接遇姿勢を切り替えるのは困難です。そこで、日頃から、お客様が「グリーフ状態のご遺族だ」と気づけるシーンをリストアップして気に留めておくと、心構えができるようになります。

　人は、不意を突かれるとつい余計なことを言ってしまうものです。予めシミュレーションしておくことで、素早く接客モードを切り替えることが可能になります。

　例えば、お客様自ら「相続です」と申し出があった場合以外にも、次のようなケースが考えられます。

〈相続人である可能性が高い方の例〉
　・保険会社から大口の入金があった（死亡時の保証金の可能性）
　・口座を解約したいと申し出があった（本人死亡）
　・公共料金の引き落とし口座変更の申し出があった（世帯主の死亡）
　・保険金の受取人変更の申し出があった（受取人死亡のため）

　このほかにも、経験豊富な職場の先輩に経験談などを聞き、リストを増やしていくのもよいでしょう。

②弔意を示してから手続きの説明に入る

　お客様がご遺族であると判明したら、まずお悔やみの言葉を申しあげます。最初にお悔やみを言うタイミングを逃すと、その後の手続きの中で改めてお悔やみのご挨拶を申しあげることは難しくなります。「まだお悔やみを言えていない」と思うと、その後の説明をしていても気になってしまい、業務に集中できなくなります。

　「死亡」「死別」のキーワードを聞き流さず、作業の手を止め、目を伏せながら「まずはお悔やみを申しあげさせてください」等、ご挨拶を申しあげます。場合によっては、立ち上がって一礼をするのもよいでしょう。このように、まずは態度と言葉で弔意を示し、その後、お手続きの説明に入るよう心がけます。

　お悔やみの言葉は、日頃言い慣れないものです。また、喪の習慣は地域によって異なり、お客様との距離感も支店によって異なるでしょう。自分自身でお悔やみのフレーズを決め、口に出して練習しておくことも望まれます。

〈汎用性が高いと思われるお悔やみの言葉の例〉
　「この度は誠にご愁傷様です」
　「お悔やみ申しあげます」
　「ご心痛のところご来店いただき、ありがとうございます」
　「大変な時にご来訪いただき、ありがとうございます」

〈説明に入る際の一言の例〉
　「ご用件は、私が担当させていただきます」
　「私が責任を持って対応させていただきます」

　ご遺族によっては「余計なことはいいから、早く手続きを終わらせたい」という方もいるでしょう。しかし、最初に一言お悔やみの言葉を伝えることで、緊張関係を解きほぐし、クレームを予防することが

可能になります。

> **例** 【お悔やみの言葉で相手の心を解きほぐした出来事】
>
> 「よろず支援拠点」という公的機関で、中小企業の経営相談に従事していた時、ある電話相談に応じました。電話の向こうの男性は、最初から怒っていました。私が名乗るのも聞き流し、さえぎるように早口でまくしたてます。
>
> 「あなたが担当してくれるの？ あのね、私の弟が会社を経営していたんですけど、突然亡くなりましてね。恥ずかしながら相続で揉めています。弟の奥さんと子どもと親戚で。現金はまだいいのですが、問題なのは会社の株の配分なんです。未公開株で、未公開株の評価方法が２種類あるところまでは自分で調べたんですけどね」
>
> その男性は、硬い口調のまま自分が調べた知識をとうとうと語ります。私は、一気にまくしたてられる話を、ただ聞くことしかできません。私はお話を聞きながら、「この方はご遺族だ。どこかでお悔やみの言葉を伝えなければ」と考えました。しかし一方で、事業承継センターへの取次方法はわかるけれど、未公開株の評価方法といった専門的な知識までは把握していないため、しだいに不安になってきます。
>
> すると男性は助け舟を出すかのように言いました。
>
> 「ところで、事業承継センターというところがあるそうですね。そこはおたくから紹介してもらえるの？」
>
> 私は「それならわかる！」と「事業承継センターへのご案内」をすぐにしようと思いましたが、その前に深呼吸して気持ちを落ち着けてから話しました。
>
> 「はいご案内できます。でも、まずその前に、弟様が亡くなられたことにお悔やみを申しあげさせてください。この度は弟様が亡くなら

れて大変な時に、私どもにお電話いただきありがとうございます」
　すると男性は、電話口の向こうで、はっとしたような息をついて、一瞬黙りました。そして静かに、落ち着いた口調で「ああ、ありがとう。こういう相談でお悔やみを言ってもらったのは初めてです」とおっしゃいました。
　その後、ようやく会話が成り立つようになったので、様々なご案内をお伝えし、専門の担当者にバトンタッチしました。
　そしてしばらく経って、お礼の電話をいただきました。彼は、「様々な人のお世話になって、ようやく事業承継が無事終わった。特に最初に受付をしてくれた女性が親身になってくれたのが一番うれしかった。実は、それまでに色々な所に相談をしていたのだけれど、冷たい対応を受けて傷ついていた。彼女にお礼を伝えてください」とおっしゃってくださったそうです。
　私は、ただお悔やみの言葉をかけ、取次ぎをしただけですが、相手にとっては複雑な事業承継の支援に携わった関係者よりも印象に残った出来事だったのだと思います。

Point

☑ 接遇の冒頭で、お悔やみの言葉を申しあげることが重要

③ご遺族を傷つける言葉を言わない

　金融機関の行職員から寄せられる声として最も多いものは、「お客様にどんな言葉をかければよいのか」という質問です。しかし、それに対する私の答えは、「言葉に頼るのではなく、態度で弔意を示すほうが望ましい」ということです。

　ご遺族の気持ちは多種多様です。一概には言えませんが、ご遺族が傷つくことの多い言葉の例として、**図表**5-1に挙げるものがあります。

図表5-1　傷つくことの多い言葉の例

● 死因を責める
「どうしてもっと早く病気に気がつかなかったの」
「あの人はお酒が好きだったから仕方ないのかも」
　▶家族の努力で死が避けられたのではないかと責められているように感じる

● 他との比較
「あなたはご無事でよかったです」
「事故で亡くなるより、心の準備ができてよかった」
　▶ご遺族にとって他人との比較は意味がない

● 意味の押し付け
「寿命だから仕方ないですよ」
「それが運命だったのだと思います」
　▶死の意味を押しつけられていると感じる

● 勝手な代弁
「〇〇さんも悲しみますよ」
「あなたが泣いていると〇〇ちゃんが天国に行けないよ」
　▶故人の思いを勝手に代弁し、故人と自分の間に土足で踏み入られたと感じる

● 前進の強要
「早く元気にならないとだめよ」
「いつまでも泣いていても仕方ないですし」
　▶前進を強要されていると感じる

● 強さの強要
「あなたはきっと乗り越えられると思いますよ」
「神様はその人が耐えられる試練しか与えないと言いますから」
　▶強くあることを強要されていると感じる

● 安易な慰め
「介護の負担がなくなってよかったですね」
「少しはご自分の時間が取れるようになったのではないでしょうか」
　▶自分が死を望んでいたように思われていると感じる
「思ったより元気そうでよかったです」
　▶無理して元気に振舞っている努力を否定されたように感じる

　「こんな言葉で傷つくなんて」と驚かれた方も多いのではないでしょうか。しかし、「某遺族外来の67％の人が、こういった言葉をかけられることがつらいと訴えている」「これらの言葉を言われたご遺族は、そうでないご遺族に比べうつ病になる可能性が高い」などの研究結果も出ています。
　家族同士や友人関係ならば、時として許される場合もあるかもしれませんが、金融機関で業務としてお客様に接する場合には、これらの言葉は避けたほうがよいでしょう。
　ここで、「言葉」の難しさを感じさせる4つの例を紹介します。

> **例　【被災地の金融機関窓口にて】**
>
> 　小柄で上品な老婦人が、通帳を交換するため窓口を訪れました。住

所を見ると、災害の被害が大きかった地域で、生き残った方のほうが少ない地域でした。自分の親族も被災したこともあり、親しみを込めて「大変な地域から来られたのですね。お客様はご無事でよかったです」とお声がけしました。

すると、お客様の表情がみるみるうちにかわり、激高されたのです。「どうしてそんなことが言えるの。家族も、親しかった友達も、みんな死んでしまったのに。『よかった』だなんて、どうしてそんなことが言えるの」と激しい口調で言われました。

あまりの豹変ぶりに驚き、自分の不用意さを反省しました。

おそらくこのお客様は、以前、他の場所で同様のことを言われ、反感を覚えた経緯があるのでしょう。

突然の死別を体験したご遺族は、気持ちを逆なでされるようなことを言われても、とっさに言い返せないものなのです。しかし、何度も同じことを言われると、「次に言われたらこう言い返そう」と反撃の準備をします。そんな時に、窓口でこの言葉を言われたので、今までのうっ憤をすべて重ねて、怒りを爆発させたのだと思われます。

例 【お客様コールセンターにて】

私は、金融機関のお客様コールセンターの管理者です。ある日、スタッフからこんな報告を受けました。

ある女性からお電話をいただき、「苦情ではない」と前置きしたうえでこう言われました。「母を亡くして、姉妹3人で相続を行うことになり、次女の私が代表してそちらの窓口に行きました。担当の方は悪くないのだけれど、最後に『お母さまのお金は、3人で分けられますか？』とおっしゃったの。私はその『分ける』という言葉がとても

悲しくて。もう母はいないのだと思い知らされて悲しくなってしまった。担当の方は悪くないのだけれど」
　「分ける」という言葉が不快な思いを招くとしたら、もう怖くて何も言えないし、どのように指導したらよいのかわかりません。

　おそらくこのケースは、「分ける」という言葉よりも、その前の接遇姿勢に問題があったと推測されます。人は「なんだか感じが悪い人だ」「そんな態度はないだろう」と感じても、それだけでクレームをつけることは難しいものです。不満がたまったうえで決定的なミスがあるか、「こんな言葉を言われた」という事実を得て、はじめて「自分はクレームをつける権利を得た」と実行に移すものです。
　この女性は、姉妹の中で手続きを買って出るような快活な女性のようです。おそらく率先して雑事に対応できるがゆえに、疲労感も覚えているのでしょう。そうした疲労感を背景に、接遇になんとなく不満を感じ、そのことを誰かに話したかったという可能性があるのではないでしょうか。
　ご遺族は傷つきやすく、思わぬ言葉にひっかかりを感じるものです。そうならないように、冒頭にしっかりお悔やみを申しあげて、弔意を示しておくことが予防策になると考えられます。

例 【補償金の受け取りで】

　私は、夫を事故で亡くした遺族です。事故を起こした方から補償金を沢山いただきました。当時、突然の事故というショックで、このお金をどうすればよいか判断ができませんでしたが、知り合いがある銀行員を紹介してくれました。その方は年配の落ち着いた方だったのですが、担当者として別の若い方を連れてきました。

> 　預け入れの際、お二人が自宅まで来てくれ、若いほうの方が「命と引き換えのお金ですから、大切に預からせていただきます」と言いました。
> 　私はその言葉がショックで、10年経っても忘れられません。大切な夫の命を、お金に引き換えたつもりはないのです。

　この方は、最初筆者に、金融機関の対応に傷ついたことがあると声を寄せてくれました。そこで「そうなのですね、どんなことがあったのですか？」とお聞きすると、表情がさっと曇りました。口に出したくはなさそうだったので、慌てて「言いたくなければ言わなくて大丈夫です。嫌なことを思い出せてすみません」と謝りました。

　そしてしばらく経ってから、再度「自分の口で言葉にするのも嫌なのですが、あなたに伝えたら、他にこんなことを言う人が減るのではないかと思って。やっぱり言います」と前置きして、このエピソードを伝えてくださいました。

　おそらく、この若い担当者は「大切に預かる」ということを伝えたかったのでしょう。しかしその前に「命と引き換え」という言葉を用いたため、その気持ちは伝わらず、それどころか10年経っても「二度と思い出したくない言葉」になってしまいました。

　ひどく傷ついているご遺族は、思わぬ言葉に反応します。できるだけ言葉数は少なくしたほうがよいことがわかる例といえるでしょう。

例 【葬儀準備中に】

　私は、父を早くに亡くしました。父は要職に就き、地元での交友範囲も広かったので、自分は「長男として父の顔に泥をぬってはいけない」とプレッシャーを感じつつ葬儀の準備を進めていました。

> うれしかったのは、その最中に友人から届いたメールです。「がんばれ」とだけ書いてありました。
>
> そのメールを見て、「自分の味方がここにいる」と心強く感じました。また、様々な判断を求められ「これでよいのだろうか」と不安になりながら手配に追われているなかで、「返事をしなくてもよい」というプレッシャーのなさをありがたく感じました。

「がんばれ」という励ましの言葉は、ご遺族によっては傷つく言葉と言われています。しかしこの男性は「うれしかった言葉」に挙げています。同じ言葉でも、言われた人との関係や捉え方によって、感じ方が異なる例といえます。

〈言葉の難しさ——認知と感情〉

同じ言葉でも、日頃からの相手との関係や、パーソナリティー（性格・価値観）、状況やタイミングによって捉え方は異なります。

例えば、あなたが研修に行く時に、上司から「しっかりやってきてくれ」と言われたら、どう感じるでしょうか。

「上司は自分のことを気にかけてくれている」「私のスキルアップを応援してくれている」とうれしく思う人もいれば、「自分はいつもしっ

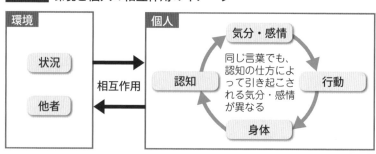

図表5-2 環境と個人の相互作用のイメージ

かりやっている」「あなたこそ、私がいない間しっかり仕事をやってくださいね」と反発を感じる人もいるでしょう。

図表5-2は、認知療法・認知行動療法で用いられる相互作用モデルです。環境と個人は、相互に作用しあっていて、同じ言葉でも、その言葉を発した相手との関係や、言葉の受け手の認知の仕方によって、引き起こされる気分・感情が異なることを示しています。

人によって認知の仕方は様々ですから、「絶対にこう言えばよい」という魔法の言葉は存在しません。ではどうしたらよいのでしょうか。詳しくは後述しますが（p.85）、「言葉ではなく態度で弔意を示すこと」が解決策の一つです。その前に、ここでは「ご遺族を傷つける言葉を言わない」為に、知っておきたい対処方法を２点挙げます。

〈不意をつかれないようにする〉

筆者は、遺族の立場になってから、傷つく言葉をたくさん投げかけられました。時には、普段思慮深く思いやりにあふれた人からも、心をえぐるような言葉をかけられ、驚きました。人はなぜ、時に無神経な言葉を発してしまうのでしょうか。

「避けた方がよい言葉」を言ってしまうのは、返答に困ったり、気まずい思いをしたりといった不意をつかれた場合に多い傾向があります。人は、思いがけず「死別していた」という事実に向き合わされ、「何か言わなければ」と焦った時、どこかで聞いたようなこれらの言葉が頭に浮かび、それを言ってしまうのでしょう。

例 【歯科医院にて】

私には独身時代から通っている歯科医院があり、妊娠中や出産後もお世話になっていました。息子が入院してしばらくたった後、クリー

ンルーム（無菌室）に入る治療が計画され、付き添いの私も事前に歯科検診を受けることになりました。

歯科医院に出向くと、主治医から「定期健診のお知らせを出したのは半年以上前ですが、何かありましたか？」と聞かれたので、息子が入院していて、大掛かりな治療を受ける予定があることを話しました。

1年後、息子と死別後しばらくして歯が痛くなったので、再び同じ歯科医院を訪れました。当時の私はまだ死別を受け入れられず放心していましたが、はたから見ると無表情で、友人によると「一見大丈夫そうに見えた」そうです。急な死別後によく見られる「感覚鈍磨」と呼ばれる状態で、感情を抑圧することで自身の心を守っている状態だったのかもしれません。

治療の最中、主治医から不意に「息子さんはその後いかがですか？」と尋ねられました。私は口を開けたまま「あ、死んじゃいました」と即答してしまいました。「えっ」と固まる主治医。私は「あ、困らせてしまった」と感じ、何か言おうとしましたが、口の中には治療器具が入っていてうまく話せません。すると主治医は治療器具の動きを止め、一旦、口から外してくれました。

そこで私は、脳にがんが再発していたのが見逃されていたこと、数ヵ月前に亡くなったことを淡々と告げました。主治医はまだ動揺していましたが、「そうですか。うかつなことを聞いてしまってすみません」と答え、何か言葉を探した後に「でも、早く決着がついてよかったです」と言いました。

私は「早く決着がついてよかった」というフレーズがショックで、黙ってしまいました。「決着」「よかった」そのフレーズがぐるぐると頭の中を回り、その言葉で頭の中が一杯になります。医師も「しまった」と自分の失言に気がついたようでした。そのまま無言で治療を再開し、治療器具の音だけが診察室に響きました。

最後に医師は「どうぞお身体を大切に」と言ってくださいました。
　しかしその後、私は長い間「まったくよいことではない」という怒りと悲しみに支配されるようになりました。
　しばらく経ってからも同じような経験が続き、私は「今の自分は、自分の境遇を正直に話すと周囲の人を困らせてしまう存在なのだ」ということを、ようやく認識できるようになりました。客観性を取り戻したのです。
　主治医は普段から思慮深く、言葉を選ぶ方でした。今では、あんなことを言わせてしまった自分の無神経さを恥じています。しかし当時は自分の感情を受け止めるのに精いっぱいで、周囲の人には意識が向いていませんでした。

　ご遺族としての経験を積むと、初対面の人に急に「大切な人を亡くした」と言わないように気をつけることができますが、死別直後はそこまで気が回らず、多くの人を戸惑わせてしまうことも少なくありません。金融機関に相続手続に来られるご遺族の方の中にも、同じような状態の方もいらっしゃるのではないでしょうか。
　普段からご遺族の立場にある方に出合いそうな業務をリストアップし、お悔やみの言葉を用意しておけば、突然その事実を耳にした時にも、とっさに不用意な言葉を発することはある程度避けられます。

〈問いには2種類あることを知っておく〉
　さらに知っておくと役に立つのは、ご遺族が発する問いは2つに分けられるということです。
　ご遺族が発する問いは、「答えがある問い」と、「答えがない問い」の2種類に分けられます。後者は、心理学で「スピリチュアル・ペイン」という名前が付けられています。魂の痛み、存在意義に関わる疑

図表5-3 答えがある問いと、答えがない問い

●**答えがある問い** ＝質問、怒り、クレーム

問いの例　「どうしてこんなにめんどうな手続きが必要なの？」
　　　　　　「なぜこんな契約になっているの？」

対応方法　・言いたいことを全部聞く
　　　　　　・心情に対して同意する
　　　　　　・反省を示す
　　　　　　・事実を説明する

目　　標　理解してもらう

●**答えがない問い** ＝嘆き、スピリチュアル・ペイン

問いの例　「どうしてあの子は死んでしまったのか」
　　　　　　「あんな健康に気をつけていた夫ががんになったのはなぜ」

対応方法　・気持ちを受け止める
　　　　　　・話を遮らない
　　　　　　・相手の言葉を黙って待つ
　　　　　　【同意できる場合の言葉】
　　　　　　「そうですよね」
　　　　　　【同意できない場合の言葉】
　　　　　　「そうなのですね」「おつらいですよね」
　　　　　　【理解できない場合】
　　　　　　「それはどういうことなのですか？（教えていただく）」

目　　標　逃げないでそこにいる
　　　　　　※「自分には何もできない」とわきまえることが必要

問です（**図表5-3**）。

　自分にとって大切な人を失うと、「どうして自分はこんな目にあったのだろう」と原因を探したくなり、「自分は何のために生きているのだろう」と疑問を感じます。これは、誰にも答えようのない「嘆き」にも似た問いです。

　私たちは、普段、「お客様の問いかけには、何らかの解決策を示さ

なければいけない」という信念の基、仕事をしています。しかし、ご遺族は、時として「嘆き」を吐露することがあります。手続きのなかで親切・丁寧に接客してもらえるのがうれしくて、普段家族や友人にも言えない本音をふと漏らしてしまうのです。

このような「答えがない問い」に接した時には、「これは答えを求めているのではない」と認識しましょう。そして、「何かよいことを言って解決させよう」とするのではなく、「そうなんですね」「おつらいですね」と受け止めることに徹するように心がけましょう。

「ただ受け止める」「逃げずにそこにいる」という態度は、心理カウンセラーが受ける訓練の一つです。金融機関の業務のなかでそこまでのケアを行う必要はないかもしれませんが、「反感を買わないための接し方」として、お客様が発する問いには2つの種類が存在することを覚えておくとよいでしょう。

④言葉ではなく態度で弔意を示す

ここまでみてきたように、言葉の捉え方は人それぞれです。同じ言葉でも、ある人にとっては心に突き刺さり傷つく言葉になり、人によっては甘い慰めの言葉になります。

業務でご遺族に接する際は、「よいことを言おう」とするのではなく、表情や口調に気をつけ、態度で「私はあなたのグリーフを尊重します。不用意な発言で傷つけません」というメッセージを示すことが望まれます。

例 【税理士事務所の対応】

義父を亡くした時のことです。普段からお付き合いのある税理士事務所に相続手続をお願いしました。「事務手続は苦手」と言う義母に

頼まれ、私は付き添いとして同席することになりました。

　普段から気軽に挨拶を交わすような間柄の税理士が担当してくださることになり、いつもの税理士がスタッフを2人連れて、3人でやってきました。3人は、玄関に入るなり、腰を90度に曲げてお辞儀をしました。代表の税理士さんだけが「この度はお悔やみ申しあげます」と言葉を発します。彼らは、5秒近くお辞儀をし続けました。

　私は「少し大げさだな」と感じましたが、義母はその態度に「この人たちは私をないがしろにしなそうだ」と安心したようです。

　義母は後に、「葬儀社や他の機関の方には軽んじられているように感じたけれど、●●税理士事務所は違った」と、評価していました。

図表5-4 メラビアンの法則

相手の感情や態度に矛盾したメッセージがある時、人は表情や仕草などの視覚情報を第一に優先する

非言語コミュニケーション
（Silent messages）
アルバート・メラビアン 1971年

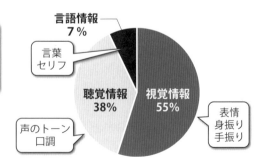

●表情の重要性・メラビアンの法則

心理学の世界では有名な「メラビアンの法則」があります。これは、「感情や態度に矛盾したメッセージがある時、人は視覚情報を優先する」という法則です（**図表5-4**）。

例えば、最近転職した友人に久しぶりに会ったとします。あなたが「新しい職場はどんな感じ？」と質問し、友人の表情とセリフが次のようだったとしたら、あなたはどう思うでしょうか。

Ⓐは、「大変だ」と言っていても、おそらく「楽しそうだな。転職はうまくいったみたい。よかった」と思うのではないでしょうか。そしてⒷは、「楽しい」と言ってはいるものの、「何か職場に問題があるのではないか」「悩みがあるのかも」と判断するかもしれません。

このように、人は、言葉よりも表情を重視します。気の利いた言葉を言おうとするよりも、神妙な表情と態度で「あなたのグリーフを尊重します」というメッセージを伝えることに集中したほうが、お客様によい印象を与える可能性は高くなります。

●通帳も遺品として丁寧に扱う

預貯金者が亡くなった瞬間から、通帳は単なる「証書」でなく、「遺品」になります。生前は気にも留めなかった物が、死別後はご遺族にとって故人の生きた証である大切な遺品になるものです。

通帳は、故人への敬意と弔意を示すためにも、両手で丁寧に扱うよう心がけましょう。

ご遺族本人は、思い入れとは裏腹に気軽に扱うかもしれませんが、それにつられて職員側がぞんざいに扱うのは危険です。ご遺族の態度がどうあれ、受け取る側は「大切なお客様の大切な遺品である」ことを、態度で示すようにするとよいでしょう。

本人がぞんざいに扱うのはよくあること

他人がぞんざいに扱ってはいけません

両手で丁寧にお預かりしましょう

⑤プライバシーに配慮する

相続手続では、センシティブな個人情報をお聞きしなければなりません。死亡日時や家族構成を聞く必要がありますし、保険の請求時には死因も尋ねる必要があります。

ご遺族は、これらの話題を口にすることが苦痛です。まだ認めたくない事実だからです。手続きに必要な相手に聞かれるのも嫌なのに、その場に居合わせた他のお客様に聞かれることは、もっと苦痛です。実際に、「カウンターで声高に死因を尋ねられたのが嫌だった」と話すご遺族は少なくありません。特に、自死や事故死の場合に多い反応です。

可能であれば通常のカウンターで接するのではなく、ローカウンターまたは応接ブースにご案内して、周囲の人の目や耳を気にすることなくお話しできる環境を整えましょう。

　また、対面では丁寧に接してくれたのに、バックヤードにいた職員が「死因は〇〇だそうです」と大きな声で話すのが聞こえて嫌だったという体験談もあります。さらに、事故や自死といった深刻な事態を告げている横で、他の行職員とお客様が楽しそうに話に花が咲いていたら、嫌な気持ちがします。

　こういった事態を避けるためには、ご遺族専用窓口が用意されていることが望まれます。しかし、現状では難しいという場合も多いと思われますので、せめて底抜けに明るい声で「かしこまりました！」「ご利用ありがとうございました！」とお声がけすることは避けたいものです。

　そして、ご遺族であるお客様が来店されたら、職場全体で注意することが徹底されているとよりよいでしょう。

> **Point**
>
> ☑ お客様とだけでなく、行職員同士の会話にも気をつける

⑥ゆっくりわかりやすい説明を行う

　第3章1（p.32）で述べたように、グリーフの反応は認知面にも影響を及ぼします。ご遺族は、死別の症状によって注意力が散漫になり、記憶力・判断力が低下しています。説明の際には、次のような配慮が必要です。

●メモをお渡しする

　要点をメモにまとめる、マーカーを使うなど、帰ってから読み返してもわかるよう、工夫してお渡しするとよいでしょう。

　公的な書類を取得していただく場合には、必要な要件を紙に書き、「これを窓口の方に出せばわかるようになっていますので」とそのご遺族にとって必要な事項だけをまとめたメモを作ってお渡しすると、間違いがなく手続きがスムーズになります。

●話し方を工夫する

　話す言葉は、ゆっくりとわかりやすい文章にするよう心がける必要があります。日本語を母国語としないノンネイティブスピーカーの人に話すようにするとよいでしょう。次のようなポイントがあります。

・はっきり、ゆっくり話す

　一つひとつの音をはっきり発音するように意識します。はっきり発音すると、自然に速度も遅くなります。言葉を続けないで、意味の塊ごとに分けて、塊と塊の間に時間を十分にとることで、ゆっくりした話し方になります。

　　例：「どうぞ／こちらに／お座りください」　※／で間をとる

・主語述語を明確にし、短い文で話す

　助詞が抜けるとわかりにくいこともありますので、省略しないようにします。また、必要のない言葉は言わないようにしましょう。

　　例：×「ああ、これはひょっとしたら使わないかもしれませんね」

○「今回の手続きで、この書類は使いません」
・文末は「〜です」「〜か？」と単純表現に
　複雑な文末表現は誤解を招く元です。シンプルに言い切りましょう。
　例：×「この書類でもダメという訳ではないのですが、書き直して
　　　　いただいたほうがよいかもしれません」
　　　○「申し訳ありません。これでは受理することができません。
　　　　お手数ですが、書き直しをお願いいたします」
・大切なポイントは繰り返す
　キーワードや大切なポイントは、繰り返して口にしたり、質問したりして確認しましょう。
　例：「認印ではなく、実印が必要です。実印はお持ちでしょうか？」

⑦支店・チーム内でご遺族であるお客様の情報を共有する

　忙しい日常業務のなかで、相続手続を1人で担うことは時として困難です。お客様をお待たせしないよう、他の職員が書類の準備やチェックを担うなど、チームで対応できるとよいでしょう。

●チームで対応するために

　前述したように、「このお客様はご遺族である」ことがわかったら、まず立ち上がってお悔やみを申しあげることが望まれます。こうすることで、他の行職員にも、ご遺族であるお客様が来訪されたことを伝えることが可能になります。近くで大声を出さない、サポートできることはないか気にかけるなど、チームで対応できるようになるでしょう。

●グリーフ情報を共有する

　接客終了後、相続手続のお客様が来訪されたことは、次回の来訪に備えて支店やチームの中で共有しておきたいものです。死因や死亡日など、ご遺族にとっては口にしたくない情報はきちんと記録し、何度も同じことを尋ねないようにします。

また、お香や押し花などの「窓口グリーフケアギフト」をお渡ししている場合、同じお客様に対して同じ支店で2回以上「窓口グリーフケアギフト」を渡さないよう、注意が必要です。

標準的な接遇手順

　①~⑦の内容を踏まえた標準的な接遇手順は、次のようになります。土地柄やお客様との距離感などを踏まえ、各々の職場に相応しい言葉に変えて活用してみるとよいでしょう。

【手続きのはじめに】
（ご遺族であることがわかったら）
　▶手を止め、頭を下げ、お悔やみを申しあげる
　「この度は誠にご愁傷様です」
　「お悔やみ申しあげます」
　「大変な時にご来訪いただき、ありがとうございます」
　「ご用件は、私が担当させていただきます」
　▶ローカウンターなどへの移動を促し、プライバシーを確保する

【手続きの際中】
　▶余計なことを言わないよう気をつける
　▶態度で弔意と敬意を示す
　▶ご遺族にとっては通帳も「遺品」。両手で丁寧に扱う
　▶ご遺族は理解力が低下している。わかりやすい説明を心がける
　▶必要事項はメモして差し上げる

【手続きの終わりに】
(事務上の最終確認を行ってから)

▶お客様をいたわり気遣う言葉をかける

「本日はお疲れのところありがとうございました」

「何かとお疲れのことと存じます。どうぞお身体お大事になさってください」

「○○様のお手続きは、最後まで私が担当させていただきます。名刺を入れさせていただきます。何かわからないことや困ったことがあれば、どうぞお気軽にご連絡ください」

(故人の生前を存じあげている場合)

「私、実は○○様のご生前に大変お世話になっておりました。お手続き、心を込めて最後まで担当させていただきます」

(ギフトや粗品などを進呈する場合)

「本来でしたらご霊前にご挨拶に伺うべきところですが、こちらをお届けいただければと思います。ご迷惑でなければお受け取りいただけますか」

【お客様が帰った後で】

▶顧客情報にご遺族情報を記入する
▶次回の来店に備え、チーム内で情報共有を行う

Column 1

窓口グリーフケアギフト

2015年、三雲天白郵便局(三重県)の当時の局長が「相続手続に来られるお客様にお渡しする、専用の喪のギフトがほしい」という思いから開発されたギフトです。

内側にはお悔やみの言葉が書かれていて、3種類の花の香りのお香が入っています。お悔やみの言葉とともに差しあげると、「こんな気遣いをしてもらえるとは思わなかった」と感涙されるお客様も多く、全国に取組みの輪が広がっています。

2 ご遺族の心に残る接遇のために知っておきたいこと

　金融機関として、ご遺族に対し、受け継いだ大切な資産を守る提案活動を行うことも求められます。ご遺族は、相続手続がすべて終わり、遺産を受け取り、気持ちも一段落して「さて、このお金をどうしよう」と考えた時に、相続時の接遇を思い出します。

　ご遺族にとっては、特別で大切なお金を預ける先なので、できれば亡くなった人と縁が感じられる、自分の気持ちを尊重してくれる金融機関にお願いしたいと考えます。多少の金利・サービスの良さ等の条件は、第一条件ではないという方が多いのも事実です。

　組織的にグリーフケアに取り組んでいる、郵便局の仙台市北部地区連絡会（宮城県）や、東濃信用金庫（岐阜県）では、手続きが終了した後、半年後や1年後に「あの時はありがとうね」「（グリーフケアギフトとして受け取った）お香、よい香りだったよ」と言いながら戻ってきてくださるお客様が多いといいます。「あの担当者はよかった。あの人なら安心して訪問できる」と思っていただける接遇の効果は、半年から1年後に現れます。

　思い出していただくために行うべきことは、ご遺族に「自分の心情をよくわかってくれている」と思っていただくことです。相続手続を「緊張の瞬間」から「真実の瞬間」に変えるためには、次の7つのポイントがあります。

〈「緊張の瞬間」を「真実の瞬間」に変える7つのポイント〉
　①ご遺族の立場でプラスアルファのご案内をする
　②記念日反応をお伝えする
　③思い出を共有する

④お話をじっくり伺う（傾聴する）
⑤過剰な介入は控える
⑥書類を見直す
⑦いざという時は医療機関へつなぐ

①ご遺族の立場でプラスアルファのご案内をする

　第5章１－⑥（p.90）で述べたように、ゆっくりわかりやすい説明を行うことは言うまでもありません。手続きに必要な書類のご案内は、すでにどこの支店でも行っていると思います。しかし、判断力が低下しがちなご遺族にとって、市役所など役場のホームページ等で営業時間（窓口が開いている時間帯）を確認したりすることはとても煩雑な作業です。

　そこで、「この書類を取ってきてください」と伝えるだけでなく、ご遺族の立場に立って「その書類をもらえる場所」「その窓口の営業時間やアクセス方法」までご案内すると親切です。

　こうした付加情報を加えたご案内は、「窓口を間違えて邪険にされた」といった余分な疲労を防ぐことにつながります。

例　【気づかずに感じている疲れ】

　私の義母は、しっかりした人です。趣味で始めた陶芸を極め、自宅に庵を構え、陶芸教室を行うようになりました。近所の方の推薦で県の生活相談員を行っていたこともあります。

　そんな義母でも、義父を亡くした後は、様々な手続きに手間取り、すっかり自信をなくしていました。

　ある祝日の昼間、義母から電話がかかってきました。

　「私（義母）、お父さんの相続手続を毎日頑張っていてね。あとは年金事務所に行くだけだったの。だから今日張り切って行ってきたのだけれど、事務所がやっていなかったの」

　「お母さん、今日は祝日ですよ」

　「そうなの、平日ならいいと思って、祝日でもやっているかと思っちゃったの」

　「そうなんですか。祝日はお休みですね」

　「少し考えればわかるのに。私は本当にぼんやりしているわ。ダメな人になってしまったようで、自分にがっかりしてしまうわ」

　義母のようなしっかりした人でも、相続手続は疲れるし、混乱するものなのだと感じた出来事でした。

例　【書類のご案内の工夫】

　高齢のお客様の多いある支店の方は、「相続の方には１つずつしか案内しない。１つ書類を取ってくるたびに確認して、『次はこれをもらってきてください』と案内する。そのほうがかえって無駄がない」といいます。

　また、都内の住宅地にある支店では、それぞれの必要書類の入手先

を一覧にしたものを事前に用意し、お客様にお渡ししているそうです。

　最近では、休日に窓口を開けたり、地下鉄構内に出張所を設けたり、また、コンビニエンスストアでも手続きができる、といった新しいサービスを提供する自治体も少なくありません。

　お客様の出身地は様々で、全国の役所の情報を網羅することはできませんが、担当するエリアの最寄りの役場の情報は、地域に根差した金融機関の支店として押さえておきたいものです。

　また、自金融機関の遠方の支店や、土日相談窓口などのサービスについても改めて確認し、把握しておくと、ご遺族のお役に立てることがあります。地元を離れてしまった子世代が相続の手続きに来ることもあるからです。相続手続の書類付近に、これらの案内パンフレットも準備しておくとよいでしょう。

Point

☑ 手続きに必要な書類を役場等で取得していただく場合、次の点を事前に把握してご案内する。
　・窓口の開所時間・お昼休みの有無
　・交通アクセスの方法（駐車場の有無など）
　・出張所での交付サービス

②記念日反応をお伝えする

第3章3（p.39）で、述べたように、ご遺族は故人と自分にとって特別な意味をもつ日（命日や誕生日、結婚記念日など）の前後に、心身の調子を崩すことが多々あります。

「記念日反応」があると知り、心構えをするだけで、ご遺族は少しだけ過ごしやすくなります。

しかし、「記念日反応」の存在は、まだあまり知られていません。ご遺族自身も知らないことがほとんどです。

金融機関行職員向けのグリーフケア研修を受講される方の中にも、身近な人を亡くしたご遺族がいらっしゃることがあるのですが、研修の感想として「記念日反応は知らなかったけれど、思い当たる節がある」「心身が不調になることは感じていた。今日記念日反応を知って、なるほどそうだったのか、と思った」とお声がけをいただくことがあります。そして「記念日反応を知ることができてよかった。来年からは用心して迎えたい」と感謝されることもあります。

「相続手続後、コンタクトが途絶えてしまったお客様にどのように再度訪問すればよいか」という悩みをよくお聞きします。記念日をきっかけとした訪問をしてみるものよいかもしれません。

予め、顧客情報カードや管理システムに、相続手続の際に知ったお客様の記念日を記載しておきます。お客様がどの記念日を大切に意識しているのかもメモしておくことが望ましいでしょう。そして、再度コンタクトする際には、これらの情報を参照します。

命日の1～2ヵ月ほど前に訪問し、「もうそろそろ1年になりますね。その後いかがかと思い、立ち寄らせていただきました」とお声かけします。「命日はひっそりと過ごしたい」というご遺族が多いので、命日の当日に訪問するのは控えるべきです。

そして「ご存じかもしれませんが、記念日反応といって、命日前後に心身の調子を崩される方も多いようです」とご案内します。おいとまする時には「どうぞ心身にお気をつけください」と気遣いましょう。

ご遺族にとって、命日や記念日を覚えていてもらえることは、うれしいものです。死別直後はいわばショック状態で、周囲の方からの働きかけに上手に対応できません。しかし1年ほど経つと、周囲の人の気遣いを感じ取れるようになります。1回目の命日の前後は、再訪問のタイミングとしては望ましいと思われます。

記念日を意識した訪問は、ご遺族に「命日を覚えていてくれた」「記念日反応という知識を教えてもらえた」という2つの贈り物を贈ることができます。

契約日と記念日を結びつける提案も、時として有効です。亡くなられたご主人の遺産を使って、結婚記念日が満期になるように保険をご提案し、喜ばれた事例もあるそうです。

③思い出を共有する

生前から深いお付き合いをしていた方のご遺族には、もう一歩踏み込んだ対応として、「思い出話の共有」をおすすめします。

「亡くなった人について話し合うこと」は、グリーフケアにも有効

とされています。しかし死別後は、故人について話すことがタブーとされがちで、家族ですら「故人について話す」ことはきっかけがないと難しいものです。友人知人や職場の人は、ご遺族を気遣って故人の話題を慎重に避けるようになります。「亡くなった人の話をすると、辛いことを思い出させるのでは」と躊躇する方も多いのですが、タブーとされることのほうが悲しいものです。

　ご遺族は、自分が知らない、在りし日の故人の言動を教えてもらえると、思いがけない贈り物をもらったような幸せな気持ちになります。死別するということは、もうこれ以上思い出が作れないということです。しかし、「あの時あの人はこうだった」「私はこう思った」と思い出を話していると、まるでその人がそこにいるかのような幸せを感じます。死別の痛みもその瞬間、少しは和らぐものです。生前の思い出話は、喜ばれることが多いようです。

> **例　【喜ばれた思い出話】**
>
> 　生前、年金受給日には、必ず朝一番に来店されていた男性がいました。お知り合いの方が多いようで、待合室でいろいろな方に話しかけられており、窓口担当者の私にも元気よく挨拶してくださる方でした。私もあんなふうに年を重ねたいと思っていたものです。
>
> 　保険金の支払手続の際に、ご家族に生前の店頭でのその男性の様子をお伝えしたところ、とても喜ばれました。
>
> 　「そうね、おじいちゃんは早起きだったから」「声が大きくて元気だったね」「元気すぎる挨拶で、〇〇銀行さんにも迷惑だったんじゃないかしら」と、家族間で話に花が咲いていました。
>
> 　半年以上経った後、ご家族で「おじいちゃんと同じ保険に入りたい」と来訪され、皆さんで同じ保険に加入していただきました。

　金融機関の担当者の方は、ご遺族にとって、大切な方の思い出話をする相手として、ちょうどよい距離感である場合が少なくありません。

　その場では無反応に思えるご遺族でも、帰宅後「あの人、そんなことを言っていたのだ」と何日もかけてその思い出を味わっていたりするものです。

　自分が知らない在りし日の出来事は、いわば「亡くなることがなければ知らなかった事実」です。喪失ばかりを突き付けられる死別後の生活の中で、「亡くなったからこそ知ることができた物語」を伝えられることは、ご遺族にとって慰めになるのです。

　なお、思い出話をする際は「故人」でなく、「〇〇さんは」と、名前で呼んでさしあげましょう。ご遺族にとっては、故人の名前が呼ばれなくなることも、寂しく感じる事柄の一つです。

Point

- ☑ 生前の様子が聞けるのはうれしいこと
- ☑ 故人のお名前を呼んでさしあげることも喜ばれる

④お話をじっくり伺う(傾聴する)

　故人の生前の様子を知らない場合でも、ただひたすらお話を伺うことはできます。家族や友人に話しにくいことも、「金融機関の担当者には話せた」というご遺族も少なくありません。

> **例【聞き手になって喜ばれた例】**
>
> 　ある日、保険に加入されている年配の女性を訪問しました。受取人を変更したいとおっしゃるのです。どうするか伺ったところ「受取人の孫が交通事故で亡くなってしまって」と聞かされ、びっくりしてしまいました。まだ高校生のお孫さんだったのです。
>
> 　私が驚いて黙っていると、その方はお孫さんの思い出話をぽつぽつと話しはじめました。私はただひたすら真摯にお話を聞くことしかできませんでした。お客様は話しているうちに涙を流され、私も泣いてしまいました。「プロとしてこれでよいのか」と不安に思いましたが、最後にお客様は「あなたはいい人ね。他の銀行の方は冷たかったわ」とおっしゃいました。

　おそらく、このお客様は、今までにも何人かの人にお孫さんのことを話そうと試みたのでしょう。しかし、多くの方はびっくりして会話を中断し、そのことに触れないようにしたのかもしれません。

　孫を亡くすということは、孫の親である子どもの手前、家庭の中で十分に嘆くことができない場合が多いようです。そんななか、想定外の出来事なのに、逃げずにじっとお話を聞いてくれた担当者の態度は、このお客様の心に残ったことでしょう。

　お話を積極的に聞くことを「アクティブ・リスニング」といいます。

図表5-5　2つの質問の仕方

	① オープンクエスチョン （開かれた声かけ）		② クローズドクエスチョン （閉じた声かけ）
問いの例	「その後いかがですか？」 「体調はいかがですか？」	問いの例	「落ち着かれましたか？」 「元気そうですね」
答えの例	「まあまあです」 「実は……」	答えの例	「はい」／「いいえ」 「ありがとう」

- ▶ 会話を広げることも、終わらせることも、答える側が自由に選べる
- ▶ 本音を打ち明けられる

- ▶ 返事の選択肢が限られるが、答えやすい
- ▶ 自分の気持ちを表出できない

　日本語では、よく「積極的な傾聴」と訳されます。相手と同じ姿勢をとる、声のトーンや表情を揃える、相槌を打つ際に相手が好んで使う言葉を使うなどすると、相手が心を開くことが多いとされています。

　傾聴のテクニックの一つに、質問の仕方の使い分けがあります。質問の仕方には、**図表5-5**の2種類があります。

　相続手続のシーンで、じっくりお話しを伺う際には、①のオープンクエスチョンを使うとよいでしょう。ご遺族は、自分の感情を決めつけられることに反発を感じることが多い傾向にあるからです。また、オープンクエスチョンを使うと、ご遺族は本音を話しやすくなりますし、もし話したくない場合はそこで会話を終わらせることも可能になります。

⑤過剰な介入は控える

　注意しなければいけないのは、すべてのご遺族が、思い出話や傾聴を求めているわけではないということです。ご遺族によっては、自分の感情に蓋をして、淡々と振舞うことで身を守っている場合があります。その場合、感情表出を促すなど過剰な介入は逆効果であるといわ

れます。「侵入的にならない」「本人より悲しまない」ことが鉄則です。

ご遺族と長時間話す機会があれば、前述のオープンクエスチョンを投げかけながら、慎重に反応を見守り、適度な距離感でお話しするよう心がけましょう。ご遺族の側も、最初から「語りたい」「語りたくない」と決めているわけではありません。話しているうちに「この人になら話してもよいかな」という気持ちになったり、「やっぱり話すのはやめよう」と揺れ動くものなのです。

ただし、仮に話したがらないお客様だったとしても、お悔やみの言葉もなく手続きを事務的に進めてよいわけではありません。最初に「では、お手続きのご説明をさせていただきます。お手続き上、どうしてもセンシティブな個人情報も伺いますが、ご容赦ください」と断ってから説明を始めるとよいでしょう。

ご遺族が必要としているのは、精神的なサポートとは限りません。「情報を提供する」「手続きを代行する」といった現実的なサポートが役に立った、ありがたかったとするご遺族も多いものです。

筆者自身も様々なサポートを受けたなかで、当時勤めていた会社の社内手続を上司がすべて代行してくれたことを最もありがたく感じました。自ら社内規定を開き、「子どもを亡くした場合」の手続きを調べて申告するのはつらかったからです。

「実務をしっかり遂行する」「手続きのご案内をわかりやすく行う」「処理を間違えず、ご遺族に負担をかけない」といった行為も、ご遺族にとってありがたい対応です。

Point

- ☑ 過剰な介入は避ける
- ☑ 実務的な情報の提供や確実な事務処理も、ご遺族にとっては役に立つ

⑥書類を見直す

　職場ごとに、相続手続の際にご遺族へお渡しする書類や説明書が、すでに複数存在していると思います。これまでに紹介してきた内容を踏まえて、今一度それらの書類を見直してみることも必要です。

　判断力が低下しているご遺族に「ゆっくり、わかりやすく、耳に入った順番に理解できるように話す」と述べましたが、それは書類も同じです。理解力が低下しているご遺族にとって、わかりやすい説明になっているでしょうか。

　第5章1－⑥（p.90）で、説明に必要な「網羅的な書類」とは別に、「そのご遺族にとって必要な事項だけをまとめたメモ」をさしあげるとよいと述べましたが、メモの内容を毎回手書きするのではなく、事前にパターン化して枠線だけでも作っておくと、作業が効率化され、ご遺族にとってもわかりやすいメモになります。

●書類見直しのポイント

職場で使用している書類を見直す際は、次の点に着目してみるとよいでしょう。

- 同じことを2度記入させるものになっていないか
- 後の工程で使わない、余分な項目を記入させていないか
- 関係項目を番号だけで指示していないか（矢印線を引くなど関係をわかりやすくする）
- 記入時に必要な説明は、該当項目の近くに記載する（書類を見比べながら記入するのは負担）
- ご遺族にとって不要な情報（金融機関側の使用するチェック項目等）が、ご遺族の目に触れる位置に記載されていないか
- ご遺族を傷つける表現が含まれていないか

これらは、相続だけでなく通常の手続きの書類にもいえることですが、少しの配慮で記入する側の負担を軽減でき、間違いも減ります。判断力が低下し、視野が狭くなっているご遺族には有効な手助けとなります。

図表5-6　悪い書類の例

〈悪い例〉
相続人が記入する「相続手続依頼書」と記入に際しての注意書き「ご記入にあたって」が別の書類として用意されている

複数の書類を見比べながら記入するのは負担が大きい

●書類に無駄な項目はないか

　どの業務でも同様のことがいえますが、書類のフォーマットを作る人と、それを利用する人の感覚は必ずしも一致しません。「とりあえず必要だろう」と考え、記入するようにした項目が、実際には誰も必要としていない場合もあり得ます。

●他の機関との重複や無駄が省けないか

　ある金融機関で、次のような話を耳にしました。

　「当金融機関の相続手続では、戸籍謄本は原本でなくコピーで可としています。近隣の他金融機関は原本を提出する必要があると聞いています。ですから、お客様には、市役所で戸籍謄本を取得したら、他の金融機関に行く前に、まず当支店に来ていただくようご案内しています」とのことでした。

　各種証明書の取得には、費用も手間もかかります。自金融機関内の手続きだけでなく、他の機関との関連にも気を配ることも求められます。また、現在必要だとされている書類を合理化する余地がないか、今一度検討する必要があるといえるでしょう。

●行政機関におけるプロセスの見直し

　行政機関でも、ご遺族への接遇の見直しがはじまっています。大分県別府市役所は、「おくやみコーナー」を設け、死亡にまつわる手続きを総合的にご案内する取組みを行っています。

　市役所を訪れたご遺族は、プライバシーに配慮された専用のコーナーで、専任の係員のサポートのもと、1枚のＡ３シートに必要事項を記入します。すると、様々な手続きに必要な多数の書類を一括して出力してもらえるのです。ご遺族は「何枚も同じことを書かされる」という苦痛から解放されます。その後、ご遺族は必要に応じて押印し各窓口を訪問するのですが、各窓口には事前にメッセンジャーで連絡が行き、ご遺族は専用の透明封筒を持って行くので、すぐに「死亡手続の

方である」とわかるよう工夫がされています。

　部署をまたいだ業務改善は困難も伴うものですが、ぜひ挑戦したいものです。

●**無神経な書類の例**

　筆者の体験として、息子が入院していた際の、あるアンケート調査があります。いわゆる難病の子どもを対象とした調査で、「妊娠前に不妊治療をしていたか」「親族内に被爆者はいるか」といったかなり踏み込んだ内容が並んでいました。記入した内容は統計的に処理されプライバシーは保たれる旨の注意書きはありましたが、欄外に「死亡時年齢」「死因」という記入欄が並んでいました。

　付き添いの親の間で、「私たちの子どもが死ぬことを前提とした調査なのか」「だとしてもあまりにも無神経ではないか」と話題になり、抗議を申し入れました。

　金融機関の関係書類にはここまで無神経な例はないと思いますが、記入する人が「大切な人を失ったばかりのご遺族である」という前提を踏まえて、すべての書類をもう一度確認してみるとよいかもしれません。

> **Point**
> - ☑ ご遺族視点で、書類の見やすさ・記入のしやすさを見直す
> - ☑ 後続処理を行う部門の担当者に、書類や業務への改善要望を聞く
> - ☑ 他の金融機関の相続手続も調べる

⑦いざというときは医療機関へつなぐ

　本書は、グリーフケアを知識として学び、ご遺族心理を理解した接遇を提案することが目的であり、金融機関でグリーフケアを行うことまでを提唱している訳ではありません。

　専門家による治療が必要だと思われる場合は、専門家につなぐことも有用です。第3章4（p.43）を参照し、医療機関への受診をおすすめしましょう。ご本人に直接告げることが難しい場合には、ご家族に告げる、地域の民生委員や保健所と連携する等、様々な方法があります。

「泣かせてしまった」という担当者

　ご遺族であるお客様が、手続きの最中に涙されることも少なくありません。「泣かせてしまった」と落ち込む担当者もみられますが、「泣いていただくこと」は決して悪いことではありません。

　心理カウンセラーの間では「カウンセリングの間に泣くことができたら一安心」と言われています。感情を表出させることは心理カウンセリングの大切なステップの1つで、グリーフケアにおいても重要とされているからです。

　日本社会では「泣くこと」はタブーとされがちです。家族や友人知人を相手に感情を表出することをためらわれる方は少なくありません。そんななか、金融機関の職員は、ご遺族にとってちょうどよい距離感をもった立場であることが多いものです。「泣かせてしまった」のではなく、「安心して感情を表出していただけた」と思うようにしましょう。

　ただし、ご本人以上に担当者自身が泣いてしまうのは望ましくありません。本人以上に悲しまれてしまうと、ご遺族としては困惑し「泣かせてしまって申し訳ない」と恐縮したり、「自分は客なのに受け止めてもらえなかった」と感じたりします。

　「本人以上に悲しまない」のも、心理カウンセリングでは鉄則とされています。

第 **6** 章

実際の接遇の例

　本章では、日常起こり得る事例を用いて、接遇応対の全体像をつかみます。次の4種類のケースをみてみましょう。

１．同居していた高齢の父を亡くしたＡ様
　生前、メインバンクとして利用。Ａ様は、表面上は通常どおりに見える

２．高齢の母を亡くした遠方に住むＢ様
　生前の取引は薄い。Ｂ様は来訪時からお怒りの表情

３．高校生の息子を亡くしたＣ様
　　Ｃ様は感情的に不安定な様子

４．コールセンター（ＴＶ電話による相続専門部署）につなぐＤ様
　奥様を亡くしたＤ様を、コールセンターにつなぐ場合

　なお、実際には、それぞれの職場の事情や、地域の言葉・習慣に合わせて実践する必要があります。

1 同居していた高齢の父を亡くしたA様

背景と実際のやり取り

- 生前、定期預貯金3件、公共料金の支払い口座、年金受取口座などメインバンクとして利用していただいた方の手続き
- A様は気丈にふるまっておられ、表面上は通常どおりに見える

●ー窓口にてー

👤 いらっしゃいませA様。本日はどのようなご用件でしょうか。

👤 先日父の◎◎が亡くなりまして。通帳とか、手続きをしなければいけないと思って伺いました。

👤 ◎◎様が。そうだったのですね。それは存じあげず失礼いたしました。

　お手続きの説明に入る前に、まずお悔やみを申しあげさせてください。

　（手を止め姿勢を正し）◎◎様には生前大変お世話になりました。（深くお辞儀しながら）この度はご愁傷様でございます。

👤 いやいや、まぁ、大往生といえば大往生ですから。長く病気を患っていたので覚悟はできていたのですが、いざこうなると、やることが本当に多くて参りますね（一瞬寂しげな表情）。

👤 そうだったのですね。◎◎様は交友関係が広くて皆様に頼りにされていた方でしたから。こちらの支店に来られた時も、いつもお知り合いの方が

☑手続きの説明に入る前に、まずお悔やみを申しあげる。

☑できるだけ故人をお名前でお呼びする。

☑話したそうな気配を察知する。

☑生前の人柄を存じあげているなら、人柄に触れる。

次々とご挨拶されていたのが印象に残っています。お知り合いも多いので、ご連絡一つとっても大変でしょう。

　本日はお疲れのところ、当行に足を運んでいただき、ありがとうございます。

　本日はお時間大丈夫でしょうか？

☑ご遺族の体調と状況を気遣う。

　ええ、今日は仕事の休みをとって、まず■■銀行さんから順番に手続きを聞いてまわろうと思っていたのです。

☑相続手続の説明を聞くのが初回かどうかを確認。

　かしこまりました、では本日は、相続のお手続きの概要をご説明させていただきますね。

　説明に必要な資料を持ってまいりますので、少々お待ちください。

☑長くお待たせするのであれば、この間に支店長が挨拶に伺うなどの対応を。

●―説明終了後―

　A様、当行で必要な手続きは以上です。ご不明な点等ありますでしょうか？

　ちょっと自信がないけれど、まずはここに書いてもらった書類をもらってくるよ。そしてまた伺えばよいかな？

　はい。金融機関によっては必要な書類が多少異なる場合があります。他に口座をお持ちの金融機関で必要書類をお聞きになってから、市役所を回られるとよいかと思います。

☑他金融機関の手続きにも触れ、情報を提供する。

　ああ、そうか。それは気がつかなかったよ。ありがとう。

　何かわからないことがありましたら、なんでもお気軽にご連絡ください。

☑相談相手になれるようご案内を。

> 私＊＊が最後まで責任を持ってお手続きを担当させていただきます。どうぞよろしくお願い致します（名刺を渡す）。

解説

●**生前の人柄に触れる**

お父様を亡くされた方の場合、「多くの人が弔問に訪れたことを誇りに思った」「父の生前の業績を称えてくれる人が多くてうれしかった」と話す方が多いものです。生前の様子を知っていたら、人柄や活動に触れるとご遺族の気持ちも和らぐでしょう。

●**相続人のプレッシャー**

ご子息は、内心「跡を継ぐ」ことにプレッシャーを感じている場合も少なくありません。葬儀や相続を通じて、親戚付き合いや家族の取りまとめに疲れている方も多いでしょう。

お疲れとプレッシャーのあまり過敏になり「生前の父親は偉大で、銀行も手厚く対応してくれたが、自分の代になったらそっけなくなった」と捉える方もいらっしゃいます。

「世代を超えたお付き合い」を目指し、「相続手続のお手伝いをきっかけに、何でも相談できるパートナーとなる」ことを目指す気持ちで、積極的にサポートを申し出るとよいかもしれません。

2 高齢の母を亡くした遠方に住むB様

第6章 実際の接遇の例

背景と実際のやり取り

・普通預貯金数十万円など、生前の取引の薄い方の口座解約手続き
・B様は来訪時からお怒りの表情で、急いでいる様子

●―窓口にて―

👩 お待たせいたしました。本日はどのようなご用件でしょうか？

🧑 (険しい表情で、通帳をカウンターにたたきつけながら) これ、この人死んだので、解約お願いします。

👩 (神妙な顔で) かしこまりました。(両手で通帳を取り上げて) 拝見させていただきます。
失礼ですが、お客様と◎◎様のご関係は……。

🧑 母です。時間かかりますか？
私○○市から来ていて、あまり時間がないので急いでほしいのだけど。

☑ご遺族モードに切り変える。
☑通帳も遺品として丁寧に扱う。

117

はい、まずはお取引の状況を確認したうえで、必要な書類をご案内いたします。

　印鑑と運転免許はあるんだけれど。今日は無理ね……（溜息）。

　あの、まずはお悔やみを申しあげさせてください。本日はお忙しいなか、ご来訪いただきありがとうございます（深くお辞儀をする）。

☑改めてお悔やみを申しあげる。

　お急ぎのところ恐れ入ります。二度手間になってはいけないので、10分程度お時間を頂戴できませんか。お取引状況を確認させていただき、必要書類を一覧にしたものを持ってまいります。

☑所要時間の目安を伝える。

　わかったわ。お願いします。

　ありがとうございます。
　お母さまの通帳、お預かりさせていただきます（両手で持ち上げ、軽く目を伏せる）。

☑通帳は遺品。丁寧に扱う。

●―確認終了後―

　B様、お待たせいたしました。お預かり金額はこの通帳のとおりでした。

　お手続きに必要な書類をリストにしましたのでご覧ください。この書類と、こちらの書類への記入でお手続きいただけます。

☑口頭ではなく、メモを渡すとよい。

　ここにあるものを持ってくればいいのね。
　今度こちらに来られるのは納骨の時になるわ。3ヵ月先でも大丈夫かしら。

　はい、大丈夫です。
　私どもの支店は、B様のお住まいの近くの＊＊市にもございます。そちらでもお手続き可能です。

☑他店のご案内を行う。

あら！そうなのね。知らなかったわ。＊＊市で手続きできるなら助かります。

 こちらのパンフレットに＊＊市支店の案内図がございます。こちらも一緒にお渡しさせていただきますね。

解説

●怒りへの対処

対応前から、すでに怒っているご遺族もいらっしゃるでしょう。他の窓口で無神経な対応を受けたり、家族や親戚とのやり取りで不公平感を覚えたり、理不尽な思いを味わっている方です。行職員の接遇が悪いわけではありませんし、行職員に対して怒っているわけでもありません。「きっと他で嫌な目にあったのだ」と認識し、怒りに引きずられないようにしましょう。

遠方にお住まいの女性は、看取りや葬儀にまつわる負担も多く、自身の家庭のことやお仕事のやりくりに苦心している方も多いでしょう。

ご遺族は、死別を受け止めるのと、手続きの大変さで、「目の前のことをこなすので精一杯」という状況に陥りがちです。自分でも自覚がないまま、視野が狭くなってしまいます。

ご遺族の「忙しい」「大変だ」という気持ちに寄り添いながらも、冷静に対応することが重要です。そしてご遺族の視点を少しだけ上げ、視野を広くして心を落ち着けていただくことができれば理想的です。

●一歩進んだご案内

故郷を離れて長い方は、地元市役所の移転や公共交通機関の変化に疎く、手続きで苦労するケースも多いようです。必要に応じて、役所の窓口やバスの案内などもしてさしあげると喜ばれます。

3 高校生の息子を亡くしたC様

背景と実際のやり取り

- ご子息がアルバイト代の振込みに利用していた口座の解約
- 突然のことで憔悴しきっており、精神的に不安定な様子

● ー窓口にてー

 お待たせいたしました。本日はどのようなご用件でしょうか？

 （憔悴した表情で、震えながら通帳を取り出して）あの、うちの子、死んじゃいまして。引き出しからこの通帳が出てきたのですが、どうしたらよいでしょうか（話しているうちに涙ぐむ）。

 （神妙な顔で）息子さんが…。それは、お悔やみ申しあげます（深くお辞儀をする）。

☑ まずお悔やみを申しあげる。

お客様、あちらのカウンターでしたら、座ってゆっくりお話を伺えます。
お手数ですが、私と一緒にご移動していただけますでしょうか？

☑ プライバシーに配慮し、移動を促す。

 ……はい。

● ー移動後ー

 （職員）お客様、ご移動ありがとうございました。
よろしければお茶をお召しあがりください（温かいお茶を出す）。

 ありがとう（お茶を一口飲む）。

 　私、お客様の手続きを担当させていただく＊＊と申します。どうぞよろしくお願いいたします。

☑プライベートに立ち入るのでまず名乗る。

 　＊＊さん、ごめんなさいね、泣いちゃって。
　バイクの事故で急にね。まだ高校生だったのにね。

 　（職員）急な事故だったのですね。
　失礼ですが、それはいつ頃のことですか？

☑簡単な質問で認知状況を量る。

 　○月○日だから……えっと……。

 　今日は●月●日なので、まだ3ヵ月前のことですね。
　まださぞかしご心痛の日々かと思います。
　本日はそのようななかご足労いただきまして、ありがとうございます。
　まず、通帳を拝見してもよろしいでしょうか。

☑ゆっくり穏やかに話すよう心がける。

　はい、お願いします。

解説

●憔悴した方への気遣い

　温かい飲み物は心を落ち着ける効果があります。可能であれば、温かい飲み物を出すとよいでしょう。ただし、胃腸が弱っている方に緑茶は刺激が強すぎる場合があります。最も望ましいのは番茶やほうじ茶です。

　そして、尋常でない様子のお客様には、どの程度の配慮が必要か確認する必要があります。簡単な質問をして、認知状態を推察するとよいでしょう。ご遺族の状況に応じて、次のような対応が考えられます。

　・通常より、少しゆっくり、詳しくお話しするくらいでよい
　・必要事項は書き出してメモをお渡しする
　・ご案内は1つにとどめる
　・一旦ご帰宅いただき、ご家族とのご来訪をお願いする
　・医療機関につなぐなど緊急対応が必要

●話したがらない場合

　このケースはお客様が死別を話してくれたケースですが、もしお客様が死別の詳細について一切語らず、すぐに手続きの説明を求めた場合は、話したくないケースです。むやみに事情に立ち入らず、迅速に手続きを行うことが最も望ましい接遇といえます。

4 コールセンター（TV電話による相続専門部署）につなぐD様

背景と実際のやり取り

・相続手続を相続センターなどの専門部署に託すケース
・生前、定期預貯金３件、公共料金の支払口座、年金受取口座などメインバンクとして利用していただいた奥様の手続き
・D様は気丈にふるまっておられ、表面上は通常どおりに見える

●―窓口にて―

　いらっしゃいませD様。本日はどのようなご用件でしょうか。

　先日、妻の◎◎が亡くなりまして。通帳とか、手続きをしなければいけないと思って伺いました。

　◎◎様が……。そうだったのですね。それは存じあげず失礼いたしました。

　（深く頭を下げながら）この度はご愁傷様でございます。

☑まずお悔やみを申しあげる。
☑話したくなさそうな気配を察知する。

　ありがとうございます。覚悟はしていましたので大丈夫です。

　通帳はこれです。どのような手続きが必要ですか？

　はい。当行では相続の専任の者がいる「相続センター」で詳しくご案内させていただきます。テレビ電話での対応となります。お手数ですが、席の移動をお願いいたします。

　へえ、そうなんですね。わかりました。

●―移動後―

(センターへ)D様です。当行を長らくご愛顧いただいていた奥様の◎◎様が亡くなられました。手続きのご案内をお願いします。

D様、この度はお悔やみ申しあげます。私▼▼がご案内を担当させていただきます。どうぞよろしくお願いいたします。

はい。よろしくお願いします。

ではD様、私は一旦席を外させていただきます。お手数ですが、終了いたしましたら、お声がけください。

ええ、わかりました。

(説明開始)

●―説明終了後―

あの、＊＊さんいますか？ 終わりました。

D様、お声がけありがとうございます。お疲れさまでございました。ご説明はいかがでしたでしょうか？

うん、ちょっと自信がないけれど、まずはここ

☑引継ぎが重要。お客様に聞こえない場所で事前に引き継ぎを済ませておく。
☑センターの担当者もお悔やみを申しあげる。

☑オープンクエスチョンで声かけをする。

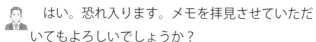　に書いた書類をもらってくるよ。そしてまた持ってきたらいいんだよね？

　はい。恐れ入ります。メモを拝見させていただいてもよろしいでしょうか？　☑対面での接遇ならではの気づかいを行う。

　ありがとうございます（メモを確認する）。

　当行での手続きはこれで大丈夫です。金融機関によっては他に必要になる書類がある場合がございます。

　他にお口座をお持ちの金融機関で必要書類をお聞きになってから、市役所などを回られるとよいかと思います。　☑ご遺族の立場に立って具体的に情報提供を行う。

　なお、〇〇市役所の開所時間は8時から17時です。

　ああ、そうか。それは気がつかなかったよ。ありがとう。市役所、まだ間に合うね、行ってみます。

　何かわからないことがありましたら、私＊＊になんでもご相談ください。お手続きに関することは、相続センターに直接お電話いただいても大丈夫です。　☑相談相手になれるようご案内を。

　私は毎日こちらにおりますので、何かありましたら、お気軽にご連絡ください。

　また、次回窓口に来られる際は、事前にご連絡いただければ、お待たせせずにご案内できます。こちらにお電話ください。どうぞよろしくお願い致します（名刺を渡す）。　☑予約したうえでの来店を促す。

　ありがとう。またよろしくね。

第6章　実際の接遇の例

解説

業務効率化のために、専任部署でのテレビ電話等で対応するケースも増えています。対応部門がディスプレイにかわると、それだけで「冷たく事務的に対応された」という印象を与えてしまいがちです。相続手続というデリケートなシーンではより一層の気遣いが必要になります。その際には、次のことを行うとよいでしょう。

・終了後、お声がけいただき、フォローを行う
・地元ならではのご案内を追加する
・名刺をお渡しし、来店予約と相談利用を促す
・センターと引継ぎ方法について定期的に意見交換を行う

ご説明終了後、対面の接遇ならではのフォローを行うことで、ご遺族の満足度を高め、その窓口への親しみを感じていただくことができます。

第 **7** 章

組織としての取組み

　ここまで述べてきたことは、いずれも個人単位で取り組めることです。

　しかし、業務としてご遺族への接遇を行う以上、個人の努力には限界があります。最初に受付を行う担当者から、渉外担当者、事務管理部門のスタッフ、役席者、支店長、すべての行職員がグリーフケアを知っておかなければ、ご遺族の気持ちを害する危険性があることは否めません。

　本章では、組織としてご遺族への接遇を考え、ご遺族の立場に立った相続手続を行うために必要な取組みを考えます。

1 ご遺族への接遇の標準化

接遇の標準化の必要性

従来、ご遺族への接遇は、個人の勘と経験に任されてきました。

経験の浅い行職員は、法務や税務の知識に不安があり、「定められた手続きを間違いなく行うこと」に精一杯である場合が多いと思います。ベテランの方は、グリーフケアを知らなくても、本書で述べてきた「ご遺族心理に沿った接遇」をすでに実践している方も多いでしょう。

今後は、個人の力に依存するのではなく、「ご遺族心理を踏まえたご遺族への接遇」を標準化し、組織としてサービス品質を確保していくことが求められているといえます。

図表7-1は、ご遺族への接遇の標準化の概念図です。ご遺族への接遇を標準化し、それぞれのレベルでスキルアップを目指します。

図表7-1 ご遺族への接遇の標準化（イメージ）

接客レベル	悪い 傷つける 怒らせる	普通 可もなく 不可もなく	良い 印象に残る	すばらしい 高確率で 契約を獲得
取組前	個人差のある接客			
取組内容	業務知識：相続セットの準備など業務手順の徹底 心理面の理解：グリーフケア研修等 業務改革：接遇の標準化・事例の共有・評価			
取組後	消滅	共通意識のもとに接客		

この目的を達成するためには、個人がグリーフケアの知識を習得するだけでは不十分です。前提として、相続における事務手続全体の流れを知っておくことが不可欠ですし、組織として「ご遺族への接遇」に関する業務を改革していく取り組みも必要になります。

標準化の進め方

　では、どのように標準化を進めていくのがよいのでしょうか。次に、進め方の一例を挙げます（**図表7-2**）。

図表7-2 ご遺族への接遇の標準化の進め方

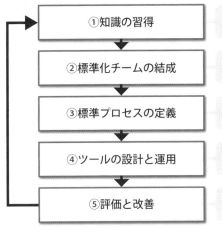

①知識の習得	業務知識・接遇マナーに加え、グリーフケアの知識の習得
②標準化チームの結成	経営陣の宣言・求められる成果の定義・リソースの確保
③標準プロセスの定義	遺族への接遇標準手続の策定、現行業務調査・書類の見直し
④ツールの設計と運用	報告の仕組みを構築
⑤評価と改善	効果の測定・標準プロセスの見直し

①知識の習得

まず、グリーフケアの知識の習得を行います。研修や勉強会の開催では、座学で知識を習得するだけでなく、3～6名程度のグループに分かれ、グループディスカッションやロールプレイングなどを組み合わせると、より理解度が高まります。

対象者によっては、相続手続の業務知識や、一般的な接遇マナーの習得も同時に行うとよいでしょう。

●**グループディスカッションの実施例と効果**

■進め方の例：

STEP 1	座学の感想を述べ合う
STEP 2	グリーフケアの知識を踏まえて、自分の業務上の課題や問題点を話し合う。この時、課題・問題をピックアップし、それらの原因や解決策を考える
STEP 3	グループの代表者が、話し合いの結果を発表する

■期待できる効果：

少人数でざっくばらんに感想を述べ合うことで、各人の理解度が高まります。また、意見を述べることで、他人事ではなく自分自身の問題として捉えるようになり、当事者意識が高まります。

組織心理学において、少人数でのグループディスカッションは、集団の凝集性（集団が構成員である個人を引きつける力）を高める効果もあるとされています。

　問題意識の高い参加者が集まってグループディスカッションを行うと、短時間で組織の課題が浮き彫りになり、解決策がいくつも挙げられるようになります。

■効果の実例：

課題の例
- ゆっくり接客できる環境がない。混雑していて、しんみりお悔やみを言う雰囲気にならない
- 業務知識が不足している。担当者ごとの知識にバラつきがある
- ご遺族への接し方が難しい。何と申しあげるべきかわからない

原因／気づきの例
- 行員と同様に、お客様も緊張し、混乱している
- 怒っている人は、他の場所での相続手続において、何かあったのではないか
- ご遺族の悲しみを受け止める努力をすべき
- ご遺族は覚悟をもって窓口に来ていると理解すべき。気持ちを察するように心がけないといけない

対応策の例
- 第一にお悔やみの言葉を申しあげる
- 「私○○が担当します」と名乗り、名刺を渡す
- 店内の一番端のカウンターや、応接ブースなど、仕切りのある場所で応対する
- 若手行職員を対象に、相続の勉強会を行う

●ロールプレイングの実施例と効果

■進め方の例：

STEP 1　標準のトークシナリオを用意する

STEP 2　それぞれの職場で、明日からこのシナリオを自分で使うとしたら、どこをどう変えるべきかを話し合う

| STEP 3 | 作り直したシナリオを使って実演する。役割を交代しながら練習を行う |
| STEP 4 | 壇上で複数のグループに実演してもらい、工夫した点を説明し、感想を述べ合う |

※受講者が多い、研修時間が短い等の場合は、代表者のみがデモンストレーションを行う方法でもよい。

■期待できる効果：

より実務シーンに即した接遇の手順が明確になり、実務で使うお悔やみのセリフを検討しあうことができます。普段言い慣れない「お悔やみの言葉」の練習も可能になります。また、ご遺族側の役も演じることで、お客様の視点から見た接遇を考える機会が得られます。

Point

- ☑ グリーフケアの研修では、座学だけでなくグループディスカッションやロールプレイングを併用すると効果が高くなる
- ☑ グループディスカッション：研修内容の理解度が高まり当事者意識が高まる
- ☑ ロールプレイング：業務への取り入れ方が明確になる

②標準化チームの結成

次に、組織内でその権限がある任命者が「組織として、グリーフケアを意識した接遇改善に取り組む」と表明し、担当者を任命します。

これには、特命のタスクチームをつくる方法と、既存の部署組織(業務監督部門やCS改善チーム等)がグリーフケアに取り組む方法があります。多くの組織で、すでにCS改善活動など様々な改善活動が行われていると思いますので、新しく「グリーフケア推進組織」を作るのではなく、既存の改善活動を活用し、新しいテーマとしてグリーフケアを取り上げるのも一案です。

任命者は、チームの内外に対して、Ⓐ求める成果物・Ⓑ期待される効果・Ⓒ使えるリソース(資源)を明示します。チームリーダーはこれに基づいて、標準化を実施します。

事前に「どうすれば標準化が成功したとみなされるか」を定義することで、方向性を誤らないようにすることができます。

●チーム結成の際に任命者が明確にすべき事柄

Ⓐ求める成果物
  ドキュメント、議事録など
Ⓑ期待される効果
  定量効果:数値化できる効果
  定性効果:数値化できない効果
Ⓒ使えるリソース
  人、時間、予算、納期、場所(会議室の使用許可等)など

すでにある業務を改革する際は、ステークホルダー(利害関係者)の合意が重要になります。そのためには、任命者の内外への意思表示が重要です。

「グリーフケアに取り組むべき」「相続の接遇を改善すべき」という

意思表示を行うことで、部署をまたいだ改革はスムーズに行われるようになります。

　また、全社的な会議体や社内報のようなニュースレターで「グリーフケアに基づいた接遇改善に取り組む」「ＣＳ向上の施策として今年度はグリーフケアに取り組む」と、経営の立場から明確にコメントしていただくとよいでしょう。

③標準プロセスの定義

　ここでは、②で結成されたチームが、①で習得した知識を踏まえた「標準的なご遺族への接遇手順」を定めます。策定した標準手順は「標準手順書」としてまとめます。

●標準手順書の項目例
- この手順書の目的・狙い
- 手続きのフロー図
- 標準接遇トークシナリオ
- 使用する書類と説明
- 手続き上の注意点
- 知っておきたいグリーフケアの知識
- 報告手順

　業務の合理性を追求すると、自ずと解決策の中に「関連する書類」の見直しが含まれると思われます。手順を記述するだけでなく、使用する書類を提示し、補足説明として①の学習内容をまとめて添付することも効果的です。

　さらに、取組みの開始当初は、理想を押しつけるのではなく、現在の業務の実態に即した標準手順を定めると、実際に業務にあたる担当者が受け入れやすくなります。

● 実情に則した標準化を行う手順の例

STEP 1　現行の業務を図式化し「業務フロー」を作成する
STEP 2　関係部署へのインタビューを行い、現行業務の問題点を洗い出す
STEP 3　課題・問題の原因を分析し、解決策を立案する
STEP 4　挙げられた解決策を評価し取組範囲を定義する
STEP 5　現行業務に、STEP 4で取り組むと決めた解決策を盛り込んだ標準プロセスを定義する

　STEP 2のインタビューは、ご遺族側として相続手続を経験したことのある社員に参加してもらうのも一案です。ただし、人によっては死別直後のことを思い出すのには心理的な負担を伴いますので、人選は慎重に行いましょう。

④ツールの設計と運用

　研修や標準手順の作成だけで、実際の業務を変革することは困難です。概念を業務に浸透させるには、実行されやすくなる仕組みづくりが求められます。その仕組みをここでは「ツール」とよびます。

　ツールを設計し運用することよって、次の2つを実現する仕組みをつくることが目標です。

・着実に標準に沿った接遇が行われていることを数値で計測する
・標準に問題点や改善点はないかモニタリングする

　また、具体的なツールには、以下のようなものがあります。

・事例報告のドキュメント
・定期的なアンケートやインタビュー
・事例を共有するためのニュースレターの発行
・窓口グリーフケアギフトの配布

　ツールは、できるだけ現場に手間や負担をかけないように設計する

必要があります。先進的にグリーフケアを相続接遇に取り入れている組織では、次のような、現場の負担が少ない仕組みを構築している例がみられます。

- 日報に相続接遇の対応件数欄を設けて記入させる
- 備品としての窓口グリーフケアギフト追加要望の際に実施状況のヒアリングを行う

ニュースレターによる事例の共有は、ご遺族への接遇の標準化へのモチベーションを保つためにも有効です。グリーフケア専用のニュースレターを作らなくても、既存の「ＣＳ通信」のようなメディアに「グリーフケアコーナー」を設けるという取組みも考えられます。

●**事例の共有と研修との相乗効果**

グリーフケアについて学習し、標準的な手順を告知するだけでは「具体的にどのように実践すればよいのか」と悩む方も多く、時間の経過とともに関心やモチベーションは低下してしまいがちです。

しかし、定期的に成功事例に接することで、「そのようなアプローチ方法があるのか」と具体的な実施例を学び、「次に機会があったら自分もやってみよう」と認識を新たにすることができます。事例の共有は、学習との相乗効果が高い取組みです。即効力があり、標準プロセスの浸透と改善に有効な仕組みとなるでしょう。

●**残念な事例の共有も**

成功事例だけでなく、「怒らせてしまった事例」の共有も重要です。ご遺族は怒りや戸惑いを内に秘めがちで、たとえ接客に傷ついても、あえてクレームを告げることは稀だからです。

ただし、失敗事例・要注意事例の共有は、ニュースレターというメディアとの相性はよくないかもしれません。職場で、ご遺族への接遇を話し合う場を定期的に設け、お客様から指摘がなくても、自身で「この対応はよくなかった」と感じた事例を共有し「どのように接するべ

きだったか」を話し合うとよいでしょう。

● ケアする人のケア

　グリーフケアの担い手もまた、ケアが必要であると言われています。ケアを行うことはエネルギーを消耗するため、援助する側が燃え尽きてしまうこともしばしばあります。

　ここまで、相続手続に来店するご遺族への配慮が必要であることを述べてきましたが、接遇を行う側もまたストレスを感じることでしょう。ご遺族への接遇を共有する場で、自分が感じたことを話し、他者に援助を求めることは、「よりよい接遇」を探求するためだけでなく、担当者自身のストレスをケアするためにも必要な行為です。

⑤評価と改善

　標準は、一度作ったら完成ではなく、定期的に見直しを行う必要があります。組織内の誰もが最適解だと認める必要があり、そのためには見直しが不可欠だからです。

　④のツールを使って集めたデータを元に、②の目的が達成できているかの検証を行います。いわゆるPDCA（Plan-Do-Check-Action）サイクルのCとAにあたります。

● 標準の評価と改善

　組織全体として、グリーフケアに基づいた標準的な接遇手順が効果的か、どれくらいの成果を上げているかを測定します。その結果を分析し、必要に応じて標準手順やツールの設計の見直しを行います。

　標準の導入前から、予め「半年後に成果を測定し、見直しを行う」と宣言しておくと、関係者からのフィードバックを得やすくなります。特に、誰もが使う書類の改善に関しては意見を得やすいでしょう。

● 実践者の評価と表彰

　評価は、標準化チームに対して行うだけでなく、実際に接遇業務に

あたっている担当者に対しても必要です。優れた事例は表彰しましょう。表彰することによってモチベーションアップになるだけでなく、良い事例を組織全体に知らしめることができます。

また、ただ報告をあげるよう伝えるより、集まった事例の中から優れた事例の表彰を行うことをアナウンスしておくほうが、報告へのモチベーションも高まります。表彰する際は、偶発性の高い稀な事例だけでなく、地道に取り組んでいる定量的な成果にもスポットを当てるようにすると、より息の長い活動になります。

Column

事例の共有

「ご遺族であるお客様にどのように接するべきか」という課題に対して、グリーフケアの観点から接遇を改善する取り組みは始まったばかりです。また、喪の習慣は地域によって様々で、お客様との距離感も支店によって様々でしょう。

このような現状で、一番効果が高いのは、事例の共有です。「お客様に喜ばれた事例」「お客様を怒らせてしまった事例」をニュースレターや定例会議などで共有し、全員でよりよい接遇を模索することが、最適解に最も早く辿り着くアプローチといえます。

2 標準化の取組事例

郵便局宮城県仙台市北部地区連絡会では、2016年から窓口グリーフケアギフトを採用し、グリーフケアを接遇に取り入れています。この地域での先進的な取組みを紹介します。

● ニュースレターの発行

グリーフケア事例を紹介するニュースレターが発行されています。「よりそい。」と題されたこのニュースレターは不定期で発行されており、エッセイ風に事例が紹介されていて、社員の間で人気があります。

ニュースレター「よりそい。」

●報告の仕組み

　同連絡会内の郵便局では、毎日入力する営業実績報告システムに「相続等の手続きでグリーフケアギフトを渡した数」を記入する箇所が設けられています。各エリアのＣＳ・ＥＳ担当者は、この数値をモニタリングし、定期的に電話取材を行って、優れた接遇事例をメールで各局に共有しています。

　「よりそい。」の編集者はこれらの情報を元にさらに取材を行い、ニュースレターとして発信しています。

●表彰

　同連絡会では、グリーフケアに取り組む以前から、様々な観点で社員を表彰し、統括局長自らが記念品の贈呈に出向くという制度がありました。グリーフケアの取組みを始めてからは、グリーフケアを活かした優れた接遇事例も表彰対象となり、2018年度は「グリーフケア大賞」として４名の方が表彰されました。

●標準手順書

　同連絡会には「グリーフケアマニュアル」があります。グリーフケア研修の内容がコンパクトにまとまっていて、接遇手順をすぐに参照できるようになっています。

●成果

　一連の取組みの結果、2016年度１年間で標準手順に沿った対応が可能だったのは161名のお客様であり、そのうち、74件のお客様から何らかの新規取引を成約したという結果がありました（定期貯金47件・約１億7,180万円、終身保険23件・約6,050万円、その他の保険９件・約3,800万円、総額約２億7,030万円）。

　しかし一部で、「グリーフケアを営業成績に直結させなければいけない」という誤解も生じたため、それ以降、数値での実績評価は中止しています。

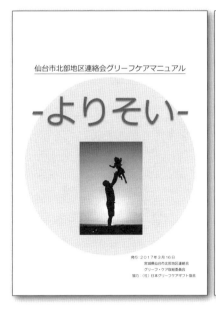
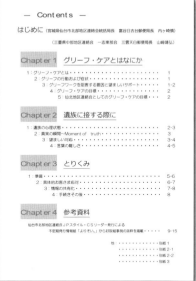

●効果

　当該地域は、東日本大震災の影響もあってもともとグリーフケアへの関心が深い地域でした。震災直後に「ご遺族にどんな声かけをすればよいのか」と悩み心を痛めた経験をもつ方が多く、お客様の気持ちに寄り添うことができるグリーフケアを早くから支持していたという背景があります。最初のグリーフケア研修を行った際、「震災の前にグリーフケアを知っておきたかった」という感想をいただいたことが印象に残っています。

　また、同連絡会の統括局長のリーダーシップも成功の大きな要因です。統括局長は、「お客様に『親切にしてくれてありがとう』と感謝されることは、社員の喜びにもなり、モチベーションを維持することに大いに役立つ。ＣＳ（顧客満足度）向上施策として取組みをはじめたが、結果としてＥＳ（従業員満足度）の向上にもつながった」と話しています。

ご遺族への接遇というストレスを感じることが多い業務の解決策を組織として示すことは、顧客の満足だけでなく、従業員のモチベーションアップにもつながるといえるでしょう。

　本書を参考に、読者の皆様がそれぞれの環境で相続の接遇を見直され、ご遺族へのよりよい接遇のあり方を考えていただくことを願っています。

《著者紹介》

加藤 美千代（かとう みちよ）

一般社団法人日本グリーフケアギフト協会 代表理事。
1974年愛知県生まれ（旧姓：鰐部）。名古屋大学教育学部教育心理学科にて発達心理学を専攻。日本アイ・ビー・エム・サービス株式会社にてシステムズエンジニアとして勤務。2007年4月に長男を小児癌（神経芽細胞腫）で亡くす。喪のギフトの世界を変えたいと考え、2013年「グリーフケアギフトの碧香堂」事業で起業。より広く、遺族の立場からのギフトや手紙のありかたを提言すべく、2016年に、一般社団法人日本グリーフケアギフト協会を設立。日本グリーフ＆ビリーブメント学会会員。

一般社団法人日本グリーフケアギフト協会

2016年9月に、「遺族の立場から、遺族が望む対応や言葉を発信し、遺族の苦しみを軽減すること」を目的に設立。
金融機関に向け、「グリーフケア研修」の提供や研修講師の育成、相続手続きに使われるマニュアルや資料の監修等の事業を展開している。
「グリーフ・ハラスメント」を提唱し、日本社会における「グリーフケア」の認知度向上を目指す。
　ホームページ　http://griefcaregift.org/
　Facebookページ　https://www.facebook.com/griefcaregift/

金融機関行職員の
相続対応とグリーフケア〜心を込めた接遇のために〜

2019年8月17日　初版第1刷発行	
2024年11月30日　　　第2刷発行	

著　者　　加　藤　美千代
発行者　　髙　槗　春　久
発行所　　㈱経済法令研究会

〒162-8421　東京都新宿区市谷本村町3-21
電話 代表 03(3267)4811　制作 03(3267)4823
https://www.khk.co.jp/

営業所／東京 03(3267)4812　大阪 06(6261)2911　名古屋 052(332)3511　福岡 092(411)0805

カバーデザインおよびレイアウト／成田琴美（エルグ）
制作／松倉由香　印刷／あづま堂印刷㈱　製本／㈱ブックアート

Ⓒ Michiyo Kato 2019　Printed in Japan　　　　　　　　　　ISBN978-4-7668-3412-3

☆　本書の内容等に関する追加情報および訂正等について　☆
本書の内容等につき発行後に追加情報のお知らせおよび誤記の訂正等の必要が生じた場合には，当社ホームページに掲載いたします。
　（ホームページ　書籍・DVD・定期刊行誌　メニュー下部の　追補・正誤表）

定価はカバーに表示してあります。無断複製・転用等を禁じます。落丁・乱丁本はお取替えします。